La Guerra del Golfo

Una Guía Fascinante sobre la Guerra del Golfo Pérsico Dirigida por Estados Unidos contra Irak por su Invasión y Anexión de Kuwait

© Copyright 2020

Todos los derechos reservados. Ninguna parte de este libro puede ser reproducida de ninguna forma sin el permiso escrito del autor. Los revisores pueden citar breves pasajes en las reseñas.

Descargo de responsabilidad: Ninguna parte de esta publicación puede ser reproducida o transmitida de ninguna forma o por ningún medio, mecánico o electrónico, incluyendo fotocopias o grabaciones, o por ningún sistema de almacenamiento y recuperación de información, o transmitida por correo electrónico sin permiso escrito del editor.

Si bien se ha hecho todo lo posible por verificar la información proporcionada en esta publicación, ni el autor ni el editor asumen responsabilidad alguna por los errores, omisiones o interpretaciones contrarias al tema aquí tratado.

Este libro es solo para fines de entretenimiento. Las opiniones expresadas son únicamente las del autor y no deben tomarse como instrucciones u órdenes de expertos. El lector es responsable de sus propias acciones.

La adhesión a todas las leyes y regulaciones aplicables, incluyendo las leyes internacionales, federales, estatales y locales que rigen la concesión de licencias profesionales, las prácticas comerciales, la publicidad y todos los demás aspectos de la realización de negocios en los EE. UU., Canadá, Reino Unido o cualquier otra jurisdicción es responsabilidad exclusiva del comprador o del lector.

Ni el autor ni el editor asumen responsabilidad alguna en nombre del comprador o lector de estos materiales. Cualquier desaire percibido de cualquier individuo u organización es puramente involuntario.

Tabla de Contenidos

INTRODUCCIÓN 1
CAPÍTULO 1 - RELACIONES IRAQUÍ-KUWAITÍES Y EL PRELUDIO DE LA GUERRA..3
CAPÍTULO 2 - CIRCUNSTANCIAS Y CAUSAS DEL CONFLICTO DEL GOLFO 17
CAPÍTULO 3 - LA INVASIÓN DE KUWAIT Y EL COMIENZO DE LA GUERRA..27
CAPÍTULO 4 - FUERZAS MILITARES DE LA GUERRA DEL GOLFO.......41
CAPÍTULO 5 - LA GUERRA ENTRE LAS NUBES..................................58
CAPÍTULO 6 - LAS PRIMERAS BATALLAS EN EL DESIERTO 74
CAPÍTULO 7 - DERROTA IRAQUÍ Y SECUELAS DE LA GUERRA............88
CAPÍTULO 8 - VÍCTIMAS, CONSECUENCIAS Y EL LEGADO DE LA GUERRA DEL GOLFO 108
CONCLUSIÓN..126
BIBLIOGRAFÍA...129

Introducción

Los últimos años de la década de 1980 y principios de la de 1990 fueron tiempos de cambios significativos. La Guerra Fría se acercaba a su fin a medida que el comunismo se desmoronaba lentamente, las nuevas tecnologías cibernéticas y de comunicación se generalizaban, los medios se volvían más importantes y diversos, la economía crecía constantemente en la mayor parte del mundo y los partidos políticos y los movimientos de derecha estaban ganando popularidad en todo el mundo. En medio de todos esos cambios, una corta pero impactante guerra entre los Estados Unidos, con la ayuda de varios aliados, y se produjo Irak. Hoy se le conoce por muchos nombres, como la primera guerra de Irak, la guerra de Kuwait y, más comúnmente, como la guerra del Golfo o primera guerra del Golfo. Fue un conflicto bastante breve, que duraría apenas siete meses entre finales de 1990 y principios de 1991. Sin embargo, todavía fue bastante impactante, ya que mostró varias innovaciones y cambios esenciales en los aspectos políticos y tecnológicos de la guerra, algunos de los cuales todavía son parte de los modernos conflictos.

Las novedades que trajo la guerra del Golfo cambiarían la guerra moderna en muchos aspectos. Vio el surgimiento de las armas de alta tecnología, que se vieron reforzadas por el creciente poder de las computadoras. Los armamentos ya no eran evaluados únicamente por su mera fuerza destructiva; también eran juzgados por su precisión y sigilo. La sofisticación del poderío militar estadounidense dejaría asombrado al mundo. La guerra del Golfo también sería pionera en una nueva forma de cobertura y control de los medios de comunicación. Probablemente fue el primer conflicto de la historia transmitido en vivo, con la transmisión diaria de videos de los bombarderos estadounidenses que se mostraban en las redes de cable. El combate parecía tan surrealista para el observador común que la audiencia rápidamente lo apodaría la "guerra de los videojuegos". Estas tendencias continúan hasta hoy, ya que la industria militar trabaja en nuevas formas de incorporar el cerebro de un ordenador en un arma. Al mismo tiempo, los medios de comunicación, especialmente Internet, hacen de la guerra y el conflicto una parte diaria de nuestras vidas.

Otro aspecto importante de la guerra del Golfo fue que se trató del primer conflicto después de la Segunda Guerra Mundial que no fue alimentado por enfrentamientos ideológicos entre comunistas y capitalistas, ya que la Unión Soviética estaba en sus últimos estertores. Demostraría que la Guerra Fría había terminado aproximadamente en este punto. Al mismo tiempo, haría añicos las creencias de muchos que esperaban que sin la hostilidad de dos bloques el mundo vería menos guerras y conflictos. Así, aunque pequeña en tamaño y limitada en sus resultados y consecuencias inmediatas, la guerra del Golfo se convertiría en otro hito famoso de la historia contemporánea. Señalaría la ruptura con las viejas costumbres del siglo XX e iluminaría el camino hacia nuestro mundo actual. Por esa razón, la guerra del Golfo todavía es recordada y vista como un evento esencial en nuestro reciente pasado.

Capítulo 1 - Relaciones Iraquí-Kuwaitíes y el Preludio de la Guerra

Cuando se habla de la guerra del Golfo, no es raro comenzar la historia con la invasión iraquí de Kuwait a mediados de 1990. De hecho, fue la causa inmediata de la intervención aliada dirigida por Estados Unidos contra Irak. No obstante, para empezar, dejaría la narrativa de esta guerra un tanto bidimensional, centrándonos únicamente en los aspectos combativos del enfrentamiento. Para comprender completamente todos los matices, causas más profundas, trasfondo político y otros elementos de la guerra del Golfo, es esencial remontarse más atrás en la historia. Solo dando un paso atrás se puede obtener una mejor perspectiva y una imagen más completa del conflicto.

Provincias otomanas en 1900, Kuwait como parte de Basora, en la esquina inferior derecha. Fuente: https://commons.wikimedia.org

La explicación del por qué y cómo comenzó la guerra en primer lugar debe empezar por la razón por la que Irak decidió invadir Kuwait. La cuestión de las relaciones entre Irak y Kuwait se remonta a principios del siglo XX hasta el final de la Primera Guerra Mundial. Antes de eso, ambas regiones eran parte integral del Imperio otomano. En ese momento, la ciudad de Kuwait era un distrito de la provincia de Basora, que se centró alrededor de la ciudad del mismo nombre en el sur de Irak. Sin embargo, Kuwait solo estaba bajo el dominio nominal de los otomanos, ya que los turcos en realidad no gobernaban la ciudad ni lideraban la política independiente durante la mayor parte del siglo XIX. Y dado que el poder del Imperio otomano se estaba desintegrando, los británicos intentaron tomar el control de la región. Al principio, estaban interesados en Kuwait como importante puerto marítimo. En 1899, se convertiría en un protectorado británico. Eso significaba que Kuwait estaba técnicamente separado de Irak; sin embargo, eso tuvo pocas consecuencias inmediatas, ya que tanto Kuwait como Irak permanecerían bajo el control nominal de los otomanos. Sin embargo, eso cambió durante la Primera Guerra Mundial, cuando las fuerzas británicas se trasladaron a la región mesopotámica, desplazando el dominio otomano por el suyo.

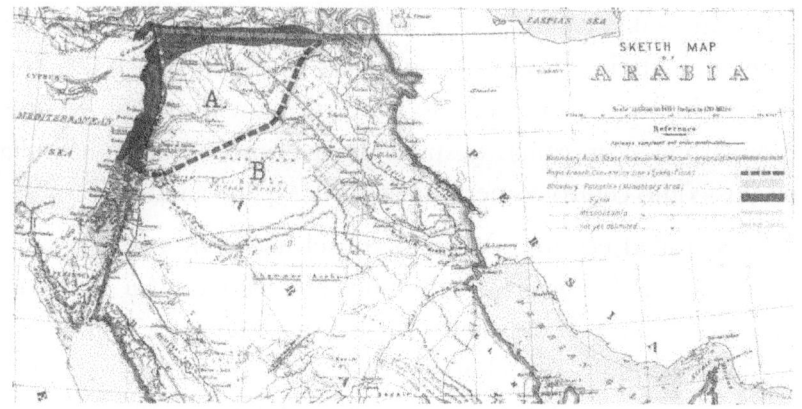

Mapa de la división planificada para 1920 de Oriente Medio (Irak en amarillo), sin Kuwait. Fuente: https://commons.wikimedia.org

El control fáctico de los británicos fue confirmado en 1920 por la Liga de Naciones, precursora de la actual Naciones Unidas. Al principio, se suponía que Irak se convertiría en una parte integral del Imperio británico. Sin embargo, después de la revuelta iraquí ese mismo año, los británicos reconsideraron esa decisión. En 1922, se firmó el Tratado anglo-iraquí e Irak se convertiría en un reino semiindependiente administrado por los británicos. Estaba gobernado por la dinastía Hachemita, que era aliada de los británicos. En ese momento, los británicos confirmaron la separación de Irak y Kuwait, cumpliendo sus promesas a sus aliados kuwaitíes locales. No obstante, muchos de los iraquíes sintieron que Kuwait debería ser parte de Irak debido al hecho de que alguna vez fue parte de la provincia de Basora. Esta idea persistiría durante mucho tiempo, formando los objetivos nacionales de los nacionalistas iraquíes. Sin embargo, los kuwaitíes, con una breve excepción en la década de 1930, no compartían su sentimiento. En 1932 finalizó el mandato británico. Por lo tanto, Irak se convirtió en un estado independiente. Sin embargo, mantuvo sus estrechos vínculos con Gran Bretaña tanto políticos como, lo que es más importante, económicos. Mientras Irak todavía estaba bajo el dominio británico, se encontraron grandes yacimientos petrolíferos y el monopolio de la exploración y producción de petróleo en Irak fue otorgado a la Compañía de

Petróleo de Irak. A pesar de su nombre, era una empresa británica. No obstante, trajo mejoras económicas al Reino de Irak. Por el contrario, Kuwait estaba pasando por un momento difícil, ya que su economía quedó en ruinas después de la Primera Guerra Mundial y su estatus como centro comercial estaba desapareciendo.

La disparidad económica, junto con el hecho de que el gobierno iraquí era menos opresivo, fue suficiente para que, a fines de la década de 1930, los ciudadanos de Kuwait intentaran la unificación con Irak. Sin embargo, el movimiento no tuvo éxito, ya que los británicos se opusieron. Además, el gobierno iraquí no estaba dispuesto a brindarles un apoyo total debido a sus vínculos con Gran Bretaña y porque el gobierno local de Kuwait había encarcelado a sus líderes. Entonces, la mayoría de los kuwaitíes abandonaron su idea de unificación, aunque algunos persistieron hasta la década de 1950. No obstante, los nacionalistas iraquíes continuaron viendo a Kuwait como una de sus aspiraciones territoriales. A pesar de eso, durante un corto tiempo, la situación política internacional les impidió seguir con dichos planes. Aun así, el gobierno iraquí continuó negociando con Kuwait y Gran Bretaña, ya que consideraba que la frontera entre Irak y Kuwait había sido mal trazada por los británicos en años anteriores. Esto, combinado con la explotación económica, empujaron a Irak, especialmente a sus círculos militares, hacia la Alemania nazi. Así, en 1941 dieron un golpe de estado y formaron un gobierno proalemán. Gran Bretaña no esperaría demasiado. Después de una breve guerra, Irak estaba nuevamente ocupado por los británicos que reinstalaron un gobierno probritánico. El ejército británico permanecería en Irak hasta principios de 1948 cuando se firmó el Tratado anglo-iraquí de 1948, según el cual Irak volvía a ser nominalmente independiente, pero bajo un férreo control británico. Una junta de defensa conjunta anglo-iraquí supervisaba al ejército iraquí, mientras que Gran Bretaña seguía influyendo en los asuntos exteriores del reino.

La situación cambiaría durante la década de 1950. En ese período, Kuwait volvió a ser bastante rico, ya que se había convertido en el mayor exportador de petróleo del golfo Pérsico. Ya en 1938 se había encontrado petróleo en Kuwait, pero no fue hasta la década de 1950 en que comenzaría la explotación masiva, con el descubrimiento de varios campos petroleros más durante la década. Esto trajo como consecuencia que los kuwaitíes perdieron su incentivo económico para convertirse en parte de Irak. Por otro lado, la economía iraquí todavía estaba en crisis desde la Segunda Guerra Mundial, ya que la inflación estaba aumentando y la calidad de vida estaba cayendo. Además de eso, los iraquíes, durante la mayor parte de la década, fueron peones británicos en la Guerra Fría. Gran Bretaña los usaría en un intento de limitar la penetración del comunismo en el Medio Oriente. Para algunos iraquíes, eso fue demasiado, ya que sentían que se estaban ignorando los intereses de su pueblo. En ese momento también se estaba extendiendo la idea del panarabismo, también impulsada por la unificación de Egipto y Siria en la República Árabe Unida (RAU) a principios de 1958. Liderada por el famoso presidente egipcio Gamal Abdel Nasser, la RAU tenía como objetivo unir todos los árabes en una sola república, libre de la interferencia e influencia occidentales y hasta cierto punto, bajo las ideas económicas socialistas de igualdad. Para el Reino de Irak, esa fue una amenaza significativa, y los británicos también estaban resentidos con el nuevo estado árabe. Así fue como Irak y Jordania, ambos gobernados por la misma dinastía, se unieron en un solo estado llamado Federación Árabe.

Se suponía que el estado recién formado contrarrestaría la creciente popularidad de la RAU; sin embargo, para al menos algunos de los iraquíes, fue una medida impopular. Lo vieron como una forma para que el rey y sus líderes políticos permanecieran en el poder y mantuvieran sus posiciones legitimadas mientras la mayoría de la población continuaba viviendo en la pobreza. También se consideró que complacía a la política occidental, ya que se interponía en el camino hacia un pueblo árabe unido. Al final, esto condujo a mediados de 1958 a un golpe militar, que derrocó a la monarquía y se formó la República de Irak. El líder del golpe, Abdul Karim Qásim, se convirtió en primer ministro de la república. Su política acercó a Irak a las ideas de igualdad económica y panarabismo. No obstante, en medio de estas políticas, Qásim todavía se aferraba a la noción nacionalista iraquí de que Kuwait debería ser parte de Iraq. Su presión sobre el vecino del sur de Irak fue mayor en el verano de 1961 cuando Kuwait obtuviera su independencia de Gran Bretaña. Qásim amenazó con la guerra y la ocupación, pero nunca cumplió sus amenazas. La mayoría de los historiadores dudan que alguna vez haya planeado atacar Kuwait, ya que primero estuvo defendido por los británicos y luego por las fuerzas de la Liga Árabe, una organización regional de los estados árabes.

Fotos de Qásim (izquierda) y Arif (derecha). Fuente: https://commons.wikimedia.org

Independientemente, Qásim mantuvo viva una vez más la idea expansionista iraquí. Continuó usándola en su política hasta su caída en 1963 cuando se organizó otro golpe y fue ejecutado. El coronel Abdul Salam Arif, un convencido nacionalista iraquí, tomó su lugar anunciando una relación más amistosa con Kuwait. Sin embargo, no pasó mucho tiempo antes de que los kuwaitíes se dieran cuenta de que solo eran palabras vacías. De hecho, el nuevo régimen dejó de amenazar con una invasión, pero no estaba listo para reconocer a Kuwait como un estado independiente, y también presionaría con fuerza en los asuntos de disputas fronterizas. Además, muchos miembros del gobierno iraquí seguían pensando que Kuwait debería ser parte de su país. Ese mismo año comenzaron las negociaciones sobre el reconocimiento y las fronteras. Estas se prolongarían durante varios años, incluso con Kuwait otorgándole préstamos a Irak, con la esperanza de ablandar su posición. Al final, estas negociaciones duraron más que el régimen de Arif, ya que en 1968 se dio otro golpe en Irak. Esta vez, los miembros del Partido Árabe Socialista Baaz tomaron el poder. Eran una rama iraquí del anteriormente unitario Partido Baaz, cuyas ideologías principales eran el nacionalismo panárabe y el progresismo social. Una vez más, parecía que un golpe de Estado cerraría las disputas entre los dos países.

A pesar de la auspiciosa disposición del Baaz iraquí para comenzar las negociaciones, no pasó mucho tiempo antes de que llegaran a un callejón sin salida. A medida que el nuevo régimen iraquí se hacía más socialista, con fuertes lazos con la Unión Soviética, sus relaciones con Irán se deterioraron rápidamente. En ese momento, Irán era una monarquía; tenía un Sah como cabeza y estaba aliado con Estados Unidos y Gran Bretaña. Como tal, veía al Baaz de Irak como una amenaza para su seguridad, incluso el Sah trató de derrocar al nuevo régimen. Sin embargo, este intento no tuvo éxito y, en 1969, parecía que era inminente una guerra entre Irán e Irak. El gobierno iraquí utilizó esta amenaza como pretexto para estacionar sus tropas en partes del territorio kuwaití. Aunque Kuwait aceptó esto a regañadientes, su ministro de defensa declaró que las fuerzas iraquíes habían comenzado a desplegarse antes de que se llegara a un acuerdo oficial. Se evitó la guerra entre Irak e Irán, pero las fuerzas iraquíes aún permanecieron en Kuwait, afirmando que hasta que se resolvieran las disputas fronterizas entre Irak e Irán, la amenaza permanecía. En 1973, las tropas iraquíes intentaron reforzar sus guarniciones en el territorio de Kuwait, pero el ejército de Kuwait trataría de detenerlas. Este suceso culminó con un intercambio de disparos en marzo de ese año. Esto fue suficiente para que el gobierno iraquí volviera a las negociaciones con Kuwait.

En la década de 1970, el principal problema territorial entre Irak y Kuwait era, de hecho, las islas Warbah y Bubiyan. Estaban ubicadas en zona noroeste del golfo Pérsico bastante cerca de ambos países, aunque un poco más cerca de Kuwait. Ninguna de esas islas tenía riquezas, sino que su valor para ambos países era estratégico. Para Irak, eran esenciales para facilitar el control del área occidental del golfo Pérsico al mismo tiempo que protegían a Um Kasar, un puerto iraquí vital cerca de la frontera entre Kuwait e Irak. Por otro lado, para Kuwait, las islas eran una especie de zona de separación que lo protegía de ser absorbido por una guerra entre Irak y cualquier otra fuerza extranjera, principalmente Irán. Las islas estaban tan cerca del continente, Warbah a solo 325 pies (100 metros) de la costa de Kuwait, que la soberanía de Kuwait se vería comprometida si alguna fuerza extranjera la retuviera. Sin mencionar que cualquier lucha allí estaba destinada a extenderse a suelo kuwaití. Además de todo eso, estas islas, aunque pequeñas en términos relativos, representaban una parte considerable de todo el territorio de Kuwait. Por esta razón, el gobierno de Kuwait no podía aceptar las ofertas del régimen de Baaz. Kuwait incluso rechazó la propuesta iraquí de arrendarles las islas; en esta oferta, todas las demás tierras en disputa habrían sido reconocidas como parte de Kuwait.

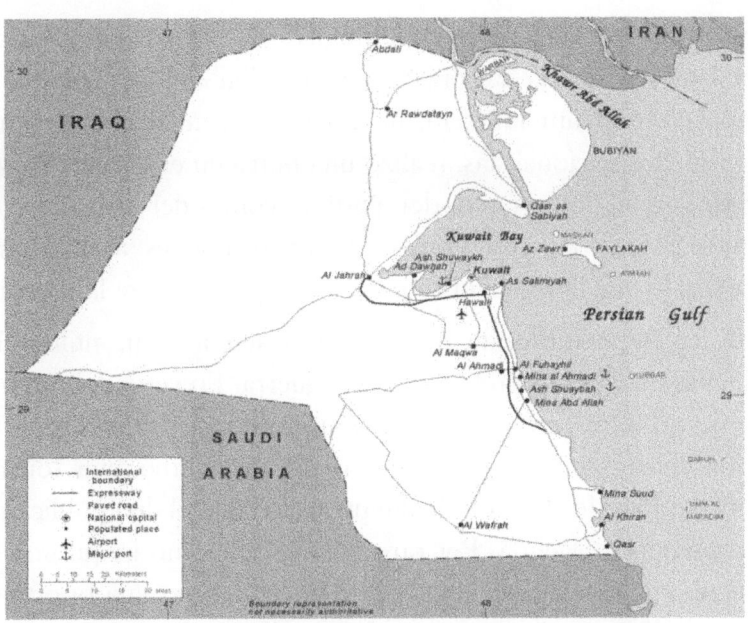

Mapa de Kuwait, incluidas las islas en disputa. Fuente: https://commons.wikimedia.org

En 1975, el gobierno iraquí tuvo que admitir que, en ese momento, Irán ya no representaba una amenaza para la seguridad de Irak, por lo que, en 1977, retiró sus fuerzas de Kuwait. Kuwait continuó afirmando su reclamo sobre las islas políticamente, con una resolución del parlamento y militarmente, mediante la construcción de puestos de avanzada en ellas. El statu quo se mantendría, a pesar de que los iraquíes todavía albergaban pretensiones territoriales sobre Kuwait. Sin embargo, a fines de la década de 1970, el interés de Irak estaba dirigido a Irán. Ambos países aspiraban a la hegemonía sobre el golfo Pérsico y, a pesar de un acuerdo firmado en 1975, la disputa territorial pesaba sobre sus relaciones.

No obstante, parecía que ambas partes evitarían un enfrentamiento. Esto cambiaría en 1979 con la Revolución Iraní. La monarquía fue derrocada e Irán se convirtió en una república islámica bajo el ayatolá Ruhollah Jomeini. La revolución estimuló un gran resurgimiento tanto del nacionalismo persa como del fundamentalismo del islam chiita. Como tal, Irán no solo mantuvo su aspiración de convertirse en hegemónico del golfo Pérsico, sino que ahora también quería exportar su revolución a Irak. Además, ese mismo año, Saddam Hussein, un político y general iraquí lleno de ideas y sueños nacionalistas, realizó una purga en el Partido Baaz y se convirtió en el líder tanto del partido como del país. Esto solo fomentó la desconfianza entre los dos regímenes ahora bastante militantes, lo que llevó a ambos países a prepararse para la guerra.

Así, en septiembre de 1980, Irak atacó a Irán, utilizando la revolución iraní como pretexto para la guerra. En verdad, los temores de Irak no eran infundados. Los musulmanes chiitas eran una mayoría relativa en Irak, y Jomeini vio eso como una forma de derrocar al Partido Baaz desde adentro, algo que él dijo públicamente que estaba en su agenda. Por otro lado, el gobierno iraquí no estaba satisfecho con el acuerdo de 1975. Vio esto como una oportunidad para expandir su territorio, ya que Irán estaba bajo sanciones y carecía de apoyo internacional. Al final, el objetivo último de Irak era convertirse en una superpotencia regional y el líder de facto del mundo árabe. Sin embargo, los líderes iraquíes subestimaron la fuerza de Irán y su pueblo. Después de algunos éxitos a finales de 1980 y principios de 1981, la invasión iraquí se detuvo y, en 1982, Irán contraatacó. La guerra se prolongaría durante años. Ambos bandos tuvieron sus éxitos y fracasos, acompañados de largos períodos de estancamiento y guerra de trincheras. A mediados de la década de 1980, Irak declaró una política de guerra total, con un reclutamiento militar ampliado y gastos de defensa cada vez mayores. Irán siguió un camino similar con la aparición de grandes ejércitos de voluntarios, que a menudo atacaban en grandes oleadas humanas. Por eso, combinado con el estancamiento, esta guerra les recordaría a los expertos internacionales la guerra de trincheras de la Primera Guerra Mundial.

Soldado iraní en una trinchera durante la guerra Irán-Irak. Fuente: https://commons.wikimedia.org

Durante este conflicto, que duraría mucho más de lo que esperaban los líderes iraquíes, Irak se quedó rápidamente sin recursos. Tuvo que pedir préstamos para cubrir sus pérdidas financieras. Sus principales financiadores fueron sus vecinos del sur, Arabia Saudita y, lo que es más importante, Kuwait. El gobierno iraquí les pidió dinero, presentándose a como un defensor del mundo árabe contra la amenaza persa. La mayor parte de esto era solo propaganda iraquí. Sin embargo, en las últimas etapas de la guerra los iraníes bombardearían territorios de Kuwait. Por lo tanto, existía una pequeña posibilidad de que, si el Iraq caía, Kuwait compartiera su destino. Por esta razón, Kuwait estaba dispuesto a prestarle todo el dinero que solicitara Irak y se convertiría en el principal patrocinador financiero de su vecino del norte. La guerra se prolongó hasta 1988. Para entonces, ambos bandos estaban agotados e Irak pidió la paz, pero Irán se negó, principalmente debido a su fanatismo. Luego, Irak comenzó a amenazar a los civiles iraníes con una guerra química, presionando a Irán para que acordara un alto el fuego en agosto de ese año. Las pérdidas en ambos lados ascendieron a cientos de miles, incluidas decenas de miles de víctimas civiles. La guerra se resolvería con el *statu quo ante bellum*, lo que significa que a pesar de las afirmaciones de ambos lados y de varios observadores, el conflicto terminó sin un ganador claro. Irak no logró su expansión territorial, mientras que Irán no logró derrocar al régimen de Baaz.

President Saddam Hussein speaking by telephone at a frontline command to a field commander at East of Basra sector on Monday. The President personally directed the Iraqi battle against a fresh Iranian attack at the sector which started at midnight on Sunday. After crushing the Iranian attack and pushing the invaders back behind the border, the President returned to Baghdad

El presidente Saddam Hussein hablando por teléfono en un comando de primera línea a un comandante de campo en el sector este de Basora el lunes. El presidente dirigió personalmente la batalla iraquí contra un nuevo ataque iraní en el sector que comenzara a la medianoche del domingo. Después de aplastar el ataque iraní y hacer que los invasores se

Propaganda iraquí durante la guerra Irán-Irak. Fuente:

https://commons.wikimedia.org

Además de las enormes pérdidas de vidas humanas, el resultado más tangible de la guerra Irán-Irak fue un desastre económico para ambos bandos, con un gasto combinado que alcanzaría alrededor de 1,2 billones de dólares. Justo antes de la guerra, Irak tenía importantes reservas financieras de alrededor de 35 mil millones de dólares, con un ingreso anual de alrededor de 26 mil millones de dólares por exportaciones de petróleo. Su deuda internacional era de 2.500 millones de dólares. De hecho, la economía iraquí antes del conflicto con Irán era bastante decente. Sin embargo, la guerra de casi ocho años devastaría esa relativa prosperidad. La producción y las exportaciones de petróleo se redujeron, y las exportaciones anuales iraquíes llegaban a solo unos diez mil millones de dólares. Las reservas se gastaron y el gobierno acumularía una deuda de unos 130 mil millones de dólares. El gobierno de Baaz se vio sometido a una tremenda presión debido a que su población, que sufriría muchas bajas, estaba bastante insatisfecha con la situación económica. La agitación social bullía bajo la superficie. La posición del gobierno iraquí se vio aún más desestabilizada por la insatisfacción de las minorías chiita y kurda, que sufrirían significativamente durante la guerra. Además, durante el conflicto Irán-Irak, el gobierno de Baaz comenzó a volverse un régimen más dictatorial bajo el estricto gobierno de su líder, Saddam Hussein.

Ante tal crisis, el gobierno iraquí comenzó a buscar una forma de remediar su situación económica. Esperaba reunir fondos de las exportaciones de petróleo revitalizadas. Sin embargo, se encontraría con un problema que estaba fuera de sus manos. Los precios del petróleo cayeron debido a la sobreproducción de algunos países, sobre todo Kuwait. Irak recurrió a la Organización de Países Exportadores de Petróleo (OPEP), que, en ese momento, la constituían principalmente países árabes nominalmente amigos de Irak. Al ver que el costo del crudo bajaba debido a la sobreproducción, Irak pidió a los países miembros que limitaran su producción y empujaran los precios de unos ocho dólares por barril a más de veinte dólares. Sin embargo, la mayoría de los miembros de la OPEP se mostraron reacios a aceptar esta propuesta, ya que también estaban experimentando sus propios problemas internos. Buscaron expandir su producción, no limitarla, a pesar de que el plan iraquí tenía una base económica sólida. Al mismo tiempo, el régimen de Baaz también buscó ayuda financiera de sus amigos árabes. Irak solicitó a Arabia Saudita y Kuwait, así como a otros países del golfo Pérsico, una moratoria de sus créditos de guerra, así como una inyección inmediata de entre treinta y cuarenta mil millones de dólares para la reconstrucción. La propaganda iraquí intentó justificar tales demandas afirmando que Irak estaba luchando no solo para sí mismo sino por todos los árabes, representándose a sí mismo como un baluarte del mundo árabe contra los viles iraníes.

Estas demandas, a pesar de estar acompañadas de amenazas un tanto vagas hechas por Saddam Hussein, por supuesto, fueron rechazadas por otros árabes. Nadie quería financiar las guerras iraquíes, ni nadie estaba dispuesto a reducir sus cuotas de producción de petróleo. Esto dejaría al régimen Baaz en una posición peligrosa. Tenía que lidiar con la crisis o arriesgarse a ser derrocado desde adentro. Saddam y su gobierno vieron solo un posible escape a este problema, que era entendérselas con Kuwait. De hecho, era uno de los países con los que Irak estaba más endeudado y también era uno de los principales culpables de la sobreproducción de petróleo. Además, Kuwait probablemente tenía el ejército más débil de la región del golfo. Además de todo eso, la disputa fronteriza de larga data y las pretensiones de los nacionalistas iraquíes lo convirtieron en un objetivo aún más "deseado" para el gobierno Baaz. Así, a principios de 1990, Irak comenzó a preparar el escenario para otra invasión, que sería un error de cálculo aún más enorme que la guerra con Irán, provocando una crisis económica aún más extendida y un aislamiento más pronunciado.

Capítulo 2 - Circunstancias y Causas del Conflicto del Golfo

La crisis económica y las ideas nacionalistas no fueron las únicas razones por las que Irak decidió invadir Kuwait, aunque explican una parte sustancial de la motivación del régimen de Baaz. En el siglo XX, ningún país, conflicto o alianza existía en una burbuja aislada. Por el contrario, cada suceso importante, cada nación y cada guerra estaban vinculados con el panorama global mucho más amplio. La invasión iraquí de Kuwait y la guerra del Golfo no son diferentes, ya que no fueron simplemente un ataque aislado ni una intervención justificada.

El aspecto más crucial de la política internacional después del final de la Segunda Guerra Mundial fue, sin duda, la Guerra Fría. A través de ella, Estados Unidos y la Unión de Repúblicas Socialistas Soviéticas (URSS) compitieron por el dominio mundial, generalmente a través de conflictos remotos en países del tercer mundo. El Medio Oriente también sería una de las regiones donde chocaron la influencia y las agendas de estas dos superpotencias. Al comienzo de la Guerra Fría, Estados Unidos tenía estrechas relaciones con Israel, Irak, Irán, Kuwait y Arabia Saudita. Estos se mantenían directamente o a través de los británicos, ya que, desde el siglo XIX tenían una fuerte presencia en la región. Por otro lado, la

URSS comenzó a atraer regímenes revolucionarios de Egipto, Siria, Libia y Yemen. A través de los años, las constelaciones políticas cambiaron algo, Egipto se volvería más prooccidental en la década de 1970, mientras que Irak, después del golpe de 1958, se volvió más pro-soviético. Sin embargo, el cambio más significativo, fue la posición de Irán después de 1979. Antes de la revolución iraní, Irán era probablemente el aliado más importante de Estados Unidos en la región. Los británicos incluso planearon convertirlo en el "policía" occidental de la región, encargado de mantener la seguridad de posibles amenazas pro-soviéticas. Sin embargo, después de la revolución, Irán se volvió abiertamente antiamericano y antioccidental, lo que culminó con la crisis de rehenes iraníes que duraría de 1979 a 1981.

Durante ese suceso, Estados Unidos sufriría una humillación diplomática sustancial y las relaciones entre Estados Unidos e Irán nunca se recuperarían. Bajo el ayatolá Jomeini, Irán se convirtió en uno de los adversarios estadounidenses más feroces del mundo. Ese tipo de ruptura política con una superpotencia de la Guerra Fría generalmente significaba que Irán se estaba volviendo hacia la otra superpotencia, la Unión Soviética, algo que la misma URSS esperaba. La URSS fue el primer país en reconocer oficialmente el nuevo régimen de Irán y trató de crear una relación más tangible con la República Islámica de Irán. Sin embargo, Jomeini veía al comunismo como una oposición directa al islam, por lo que esas relaciones nunca se expandieron a nada concreto. Como ambas superpotencias fueron rechazadas, cuando comenzó la guerra entre Irán e Irak, ambas se inclinarían más hacia Irak. Sin embargo, a pesar de eso, tanto Moscú como Washington continuaron suministrando armas a Irán de manera esporádica y bastante clandestina durante la guerra, probablemente tratando de ganarse su lealtad en las escaladas más importantes de la Guerra Fría. Sin embargo, estos intentos no dieron frutos, dejando a Irán aislado en su postura agresiva hacia el mundo. Sin embargo, por esas acciones, tanto los soviéticos como los estadounidenses tuvieron una reacción violenta de todo el mundo especialmente de sus aliados árabes.

Firma del Tratado de Amistad y Cooperación entre Irak y la URSS (1972).
Fuente: https://commons.wikimedia.org

Debido a este fracaso diplomático con Irán, Irak quedó como uno de los pocos países de la era de la Guerra Fría que en un momento dado se aliaría o al menos sería cordial con ambos lados. Por un lado, desde 1958, Irak comenzó a volverse hacia la URSS, comenzando a crecer rápidamente en 1968 y al inicio del gobierno del régimen Baaz. Sus estrechas relaciones alcanzaron su punto culminante durante la década de 1970, especialmente después de 1972, que fue cuando se firmó el Tratado de Amistad y Cooperación con la Unión Soviética. En ese momento, las relaciones diplomáticas de Irak con Estados Unidos eran casi inexistentes. Los líderes del Baaz estaban bastante irritados por el apoyo estadounidense a Israel, especialmente durante la guerra de los Seis Días (1967) y la guerra de Yom Kipur (1973), pero también porque creían que los americanos estaban involucrados en la organización de un golpe anti-Baaz en 1969, así como también que Estados Unidos ayudaron de manera encubierta a la rebelión kurda en Irak a mediados de la década de 1970. Estos factores llevaron al régimen Baaz a creer que el gobierno de Estados Unidos estaba trabajando para derrocarlos, lo que los acercó cada vez más a los soviéticos. Sin embargo, líderes más destacados del Partido Baaz, como Saddam Hussein, también estaban ansiosos por no convertirse en simples títeres de la URSS. Por eso, a fines de la década de 1970, Irak comenzó a dirigirse hacia otros países occidentales, principalmente Francia, en busca de armamento. Con estos esfuerzos, Irak trataría de reducir su dependencia de la Unión Soviética, que en ese momento era bastante grande.

El año 1979 también sería importante para las relaciones iraquíes y soviéticas. El ascenso de Saddam Hussein tanto al Partido Baaz como a la República de Irak significó que el régimen Baaz estaba aún más inclinado a alejarse de la influencia soviética. Saddam no quería seguir a los soviéticos en los asuntos exteriores. Estaba interesado en seguir una política más independiente basada en sus propios objetivos de hacer de Irak al menos una potencia local, sino algo más influyente. Además, la invasión soviética de Afganistán en ese mismo año también haría que las relaciones entre Irak y la Unión Soviética fueran más tensas, ya que fue vista como un ataque comunista contra un país musulmán. Después de que comenzara la guerra Irán-Irak, los soviéticos intentaron ganar batallas diplomáticas cortando el suministro de armas tanto a Irak como a Irán en el otoño de 1980, tratando de obligarlos a resolver sus problemas de manera pacífica. Sin embargo, el régimen Baaz lo interpretaría como una nueva traición. Esta prohibición se levantó rápidamente, pero el daño persistiría. Saddam y su régimen comenzaron a abrirse aún más hacia Occidente, estableciendo lentamente relaciones con Estados Unidos. Estados Unidos estaba ansioso por establecer relaciones diplomáticas con Irak, tanto porque había perdido su influencia sobre Irán como porque los soviéticos perderían un aliado.

A medida que avanzaba la guerra entre Irán e Irak, las relaciones entre Estados Unidos e Irak comenzaron a mejorar. Estados Unidos comenzó a enviar apoyo, exportando tecnologías de doble uso tanto para aplicaciones militares como civiles, y en 1984 se restablecieron relaciones diplomáticas oficiales. Al final de la guerra, las relaciones entre Estados Unidos e Irak eran, como mínimo, cordiales, y Estados Unidos se puso oficialmente del lado de Irak en un intento por poner fin a la guerra. Al mismo tiempo, los servicios de inteligencia estadounidenses compartían información sobre las posiciones iraníes, ayudando a los generales iraquíes a planificar sus ataques. Sin embargo, a pesar de esa postura bastante amistosa hacia los americanos, Saddam no cortaría todas las relaciones con los soviéticos. La URSS seguiría siendo la principal fuente de armamento del ejército iraquí, así como uno de sus principales prestamistas extranjeros, justo detrás de Kuwait y Arabia Saudita. Por lo tanto, a fines de la década de 1980, Irak se encontró en una posición poco común en la que recibía los favores de las dos superpotencias competidoras. Sin embargo, Saddam seguía desconfiando tanto de Estados Unidos como de la URSS. Se sabe que, a pesar de ser en gran parte pro-iraquíes durante la guerra, ambas superpotencias también vendieron armas a los iraníes, aunque solo el 23% del total de armas entregadas se enviarían a Irán. El gobierno iraquí seguía teniendo la impresión de que ambas potencias eligieron Irak solo porque Irán se negó a cooperar.

Por otro lado, tanto EE. UU. como la URSS se dieron cuenta de que el régimen Baaz era un tiro al aire, ya que era bastante voluble y difícil de controlar. Por lo tanto, su apoyo al gobierno iraquí nunca fue sincero. Otro aspecto problemático del gobierno iraquí fue que, a lo largo de los años, se volvió completamente dictatorial con un fuerte culto al liderazgo de Saddam Hussein, quien se mostraba como el salvador de Irak. La guerra solo le facilitó la transformación de Irak en un estado militarista agresivo. El control de Saddam sobre Irak se hizo más fuerte, ya que durante la década de 1980 sería despiadado con cualquier amenaza política que surgiera. Mostraría aún menos simpatía hacia los kurdos, una minoría étnica en el noreste de Irak, que se rebeló en 1983. Insatisfechos con el estado de cosas, combinado con su anhelo de independencia de larga data, se levantaron contra el régimen Baaz. Su revuelta fue ahogada en sangre, ya que fueron sometidos a un genocidio mediante el uso de guerra química, que duraría hasta mediados de 1989. Al mismo tiempo, el ejército iraquí también utilizaría armas químicas contra los iraníes, tanto contra objetivos militares como civiles. La mayor parte del mundo, incluidos Estados Unidos y la URSS, condenaría estas acciones. La ONU incluso emitió varias resoluciones que condenaban a Irak por violar el Protocolo de Ginebra de 1925 que prohibía el uso de armas químicas. Sin embargo, ninguna de las superpotencias actuó de manera más tangible, ya que ambas tenían intereses en una victoria iraquí, lo que les permitiría mantener su influencia en la región.

A pesar de las críticas por sus acciones y el uso de armas químicas, Irak se mantuvo del lado bueno tanto de Estados Unidos como de la URSS. Sin embargo, en ese momento, la Guerra Fría estaba llegando a su fin lentamente, ya que la Unión Soviética atravesaba su propia crisis económica seguida de inestabilidad política. A esto le siguió la caída de los regímenes comunistas en Europa del Este, quizás simbolizada más vívidamente por la caída del Muro de Berlín en noviembre de 1989. Algunos historiadores incluso afirman que, con ese acontecimiento, la Guerra Fría terminaba oficialmente, ya que quedaba claro que la URSS había perdido su capacidad de parar a Estados Unidos. Por lo tanto, Saddam estaba ansioso por ampliar su cooperación con los Estados Unidos, expresando su opinión a principios de 1990 de que la Unión Soviética había terminado como superpotencia. Sin embargo, la posición de Estados Unidos sobre esta alianza estaba dividida. La administración oficial de Bush padre, estaba ansiosa por explotar las posibilidades de trabajar junto con Irak, ya que esperaba que Irak se convirtiera en un pilar de estabilidad y paz en la región, algo que la diplomacia estadounidense necesitaba. Por otro lado, la opinión pública, que se podía ver más claramente en los medios de comunicación, fue muy crítica con Irak y su régimen, especialmente por las atrocidades cometidas durante la guerra.

Incluso el Congreso de Estados Unidos amenazó a Irak con sanciones, aunque el presidente George Bush padre se pronunció en contra de ese tipo de acciones. También dijo que usaría sus poderes de veto para detener cualquier acto de ese tipo. No obstante, Saddam y su régimen estaban confundidos y molestos por la doble postura que Estados Unidos tenía hacia ellos. A mediados de 1990, se dio cuenta de que Irak no iba a recibir el apoyo total de Estados Unidos, especialmente porque el principal aliado de Estados Unidos en la región era Israel, un país con el que el régimen Baaz tenía relaciones bastante malas. Sin embargo, a pesar de eso, parece que Saddam confiaba en que, aunque no recibiría apoyo, Estados Unidos no se le opondría militarmente. Por un lado, calculaba que el gobierno estadounidense era demasiado amigable para tal acción. Por otro lado, contaba con su prestigio militar en el mundo, ya que contaba con uno de los ejércitos más enormes y con más experiencia de la época. Saddam creía que el complejo de la guerra de Vietnam, el miedo a grandes pérdidas, tanto en vidas como en dinero, así como la guerra en general, y el miedo a un conflicto prolongado, evitarían que Estados Unidos se involucrara activamente en el campo de la guerra. Concluyendo que su posición en la arena política mundial era lo suficientemente fuerte, a principios de 1990, Saddam comenzó a planificar sus acciones contra Kuwait.

A principios del verano de ese año, Irak comenzó a alzar la voz en contra de su vecino del sur, lo cual fue notado claramente por todo el mundo. Algunos de los gobiernos comenzaron a temer que surgiera un nuevo conflicto en la región del golfo. La más preocupada era la Liga Árabe, ya que esta guerra representaría una amenaza para la unidad árabe y para toda la región. El presidente de Egipto, Hosni Mubarak, intervino directamente, logrando concertar una reunión en Arabia Saudita para mediar entre los representantes iraquíes y kuwaitíes, en la que esperaba resolver pacíficamente sus agravios. Al mismo tiempo, Saddam llamó a la embajadora de Estados Unidos en Bagdad, April Glaspie, para conversar. Junto con su ministro de

Relaciones Exteriores, expresó su descontento con la postura estadounidense hacia Irak, más precisamente la crítica de los medios estadounidenses, el 25 de julio de 1990. Glaspie trató de convencerlo de que el presidente estadounidense Bush padre quería mejorar sus relaciones. basado en la paz y la prosperidad del Medio Oriente. Saddam luego se volvió hacia los problemas iraquíes con Kuwait, alegando que los bajos precios del petróleo estaban devastando a su país y que el precio de 25 dólares por barril no era lo suficientemente alto. Procedió a afirmar que granjas, instalaciones y patrullas fronterizas de Kuwait se estaban desplegando y construyendo lo más cerca posible de la frontera. Combinado con la bajada de los precios del petróleo, Saddam vio que Kuwait ejercía una presión excesiva sobre Irak. Saddam luego dijo que, si continuaba la provocación, Irak respondería con la fuerza, ya que parecía que ese curso de acción sería la única forma de asegurar que su pueblo viviera decentemente.

Agregó además que algunos de los ciudadanos estadounidenses que estaban en contra de Irak fueron a Kuwait y otros estados del golfo para sembrar el miedo a su país y persuadirlos de que no ayudaran a reconstruir Irak. A estas declaraciones, Glaspie respondió que Estados Unidos no tenía una opinión sobre los conflictos árabe-árabe, como la que tenía Irak con Kuwait. Hoy, algunos presumen que los iraquíes interpretaron esta postura bastante indiferente ofrecida por la embajadora de Estados Unidos como una señal de que Estados Unidos no intervendría en ningún posible conflicto futuro. Glaspie mostraría su preocupación por la acumulación de fuerzas iraquíes en sus fronteras del sur, a lo que Saddam dijo que solo quería una solución justa al problema. Además, la tranquilizó diciendo que los iraquíes no eran los agresores, aunque no aceptarían la agresión contra ellos. Para la embajadora de Estados Unidos, eso fue suficiente para calmarla, ya que estaba informada sobre la reunión pendiente de las dos partes en Arabia Saudita. Como la mayoría de los miembros de la Liga Árabe, creía que los problemas entre Irak y Kuwait se resolverían allí pacíficamente. Solo unos días después, el 31 de julio, los representantes de los dos países se reunieron en Jidda (Yeda) bajo el patrocinio de Arabia Saudita, que quería actuar como un "hermano mayor árabe" y asegurar la paz entre ellos.

Se desconocen los detalles exactos de las conversaciones directas en Jidda. Sin embargo, a través de los relatos posteriores de algunos de los actores, se tiene una idea general de lo que se discutió. Los representantes iraquíes expresaron lo que su gobierno vio como transgresiones kuwaitíes. Estaba el asunto de las disputas fronterizas, sobre todo en el caso del campo petrolero de Rumaila. La mayor parte de ese campo petrolero se encuentra dentro del territorio iraquí, pero su extremo sur estaba en Kuwait. Irak afirmó que su totalidad debería ser iraquí de jure, mientras que de facto estaba parcialmente bajo suelo kuwaití. Por lo tanto, desde la perspectiva iraquí, los kuwaitíes eran culpables de la trasgresión fronteriza y de robo de petróleo e ingresos. Además, los iraquíes acusaron a los kuwaitíes de hacer bajar el precio del petróleo mediante la sobreproducción, así como de negar su solicitud de que Irak realizara vuelos comerciales a través del espacio aéreo kuwaití. También es razonable suponer que se plantearon las cuestiones de la deuda iraquí y la cuestión de Warbah y Bubiyan, ya que también eran una parte esencial de la disputa iraquí-kuwaití. Parece ser que los representantes kuwaitíes rechazaron todas las acusaciones y demandas de su contraparte sin presentar propuestas constructivas, ya que los iraquíes se fueron el 1 de agosto. Más tarde, los kuwaitíes afirmaron que la parte kuwaití ofreció condonar la deuda de Iraq, o al menos parte de ella, y permitir que el ejército iraquí construyera algunas instalaciones en las islas en disputa. Se ofreció resolver el problema del campo petrolero de Rumaila mediante algún tipo de arbitraje.

Es posible que estas ofertas solo se hayan insinuado, pero en todo caso no fueron reconocidas por los iraquíes. Tampoco es imposible que los kuwaitíes las declararan más tarde para presentarse mejor en la disputa. Por supuesto, no está descartado que, en ese momento, los iraquíes habían abandonado la idea de resolver este desacuerdo mediante la diplomacia pacífica. Independientemente, el resultado final de la conferencia de Jidda, resultaría lo contrario de lo que todos esperaban. El gobierno iraquí se quedó aún más insatisfecho e irritado, mientras las tensiones entre los dos países vecinos empeoraban. El 1 de agosto, Saddam celebró una reunión de estado en la que los líderes iraquíes discutieron cómo proceder. Desde su punto de vista, Kuwait, una vez más, no había mostrado ningún deseo de llegar a un compromiso mientras la situación de la economía iraquí y su régimen se encontraban en una situación desesperada. En ese período, estallaron varias revueltas menores contra la opresión de Saddam, mientras la gente sentía la presión cada vez mayor de la crisis económica. Los líderes del Baaz tenían que actuar ahora o se verían caer del poder. La única solución para ellos era una invasión militar. La decisión de Saddam de volver una vez más a un acto de agresión abierta se vio aliviada por su creencia de que Estados Unidos no intervendría directamente y que los soviéticos eran demasiado débiles para hacer algo. Además de eso, pensaba que la Liga Árabe sería más comprensiva con su posición, incluso esperaba que la Liga Árabe reforzaría su posición como líder panárabe.

Así, el 2 de agosto de 1990, Saddam ordenó un ataque contra Kuwait, con el que comenzaría la guerra del Golfo. Fue el resultado de una combinación de los problemas fronterizos iraquíes de larga data con Kuwait, la ideología del nacionalismo iraquí, las crisis económicas y políticas internas del régimen Baaz y la atmósfera política internacional del fin de la Guerra Fría, ya que ambas superpotencias mostraron poca resolución al tratar los problemas de la región del golfo Pérsico.

Capítulo 3 - La Invasión de Kuwait y el Comienzo de la Guerra

A medida que las conversaciones entre Kuwait e Irak se desmoronaban lentamente en julio de 1990, Saddam y su alto mando se reunieron para discutir los siguientes pasos. Se les hizo evidente que la única forma de obtener lo que querían era usando la fuerza militar. Pensaban que con eso podrían salirse con la suya debido al escenario político internacional de esa época. Pero aún quedaba la pregunta de hasta dónde deberían llegar.

Parece ser que, al principio, los líderes iraquíes querían usar su ejército para ocupar solo las islas en disputa, Warbah y Bubiyan, así como el campo petrolero de Rumaila Sur. Pero el 1 de agosto de 1990, Saddam Hussein reunió al Consejo del Comando Revolucionario (CCR), donde en cambio propuso anexar todo Kuwait. Optó por esa opción por dos razones principales. Una era geopolítica, ya que Kuwait era visto como un títere de las superpotencias occidentales cuyos líderes contaban con su apoyo para la defensa. Por lo tanto, Saddam concluyó que los gobernantes kuwaitíes dependerían de una guerra de desgaste diplomático en caso de una ocupación parcial. En ese escenario, Estados Unidos eventualmente lo presionaría para que se retirara, lo que provocaría su caída política del poder en Irak. Además de eso, Saddam calculaba que, si el ejército iraquí controlaba todo Kuwait, las fuerzas extranjeras tendrían menos posibilidades de intervenir militarmente. Saddam contaba con el hecho de que, al tener poder sobre toda la costa de Kuwait e Irak, los enemigos de Irak tendrían dificultades para aterrizar y rechazarlos, ya que creía que los saudíes permitirían la entrada de tropas extranjeras en su tierra. Mezclado con eso estaba la segunda razón, la ideológica. Necesitaba un golpe de popularidad dentro de su país, y los nacionalistas tradicionalmente veían a Kuwait como parte de Irak. Saddam esperaba que esta medida lo ayudara a estabilizar su posición y al mismo tiempo mejorara su imagen como la de un verdadero líder panárabe.

A esta altura de los hechos, sería muy fácil culpar solamente a Saddam Hussein por el comienzo de la guerra del Golfo. Sin embargo, a pesar de que sus asesores se sorprendieron, no dejaron de brindarle su apoyo. Tanto los líderes militares como los políticos estaban entusiasmados con el nuevo enfoque de Saddam sobre el problema de Kuwait. Sus generales le aseguraron las aptitudes militares de Irak, mientras que sus asesores le dijeron que los americanos no estaban preparados para otra guerra. Con el pleno apoyo de los grandes líderes de Irak, el 1 de agosto de 1990, Saddam ordenó a sus tropas atacar. El 2 de agosto a la 1:00 de la madrugada hora local, las fuerzas iraquíes invadieron Kuwait. Más de 100.000 soldados iraquíes, apoyados por unos 2.000 tanques, cruzaron la frontera ante la incredulidad de casi todo el mundo. A pesar del hecho de que las tropas iraquíes se habían estado acumulando en la frontera durante todo julio, muchos observadores vieron esta medida como una mera postura agresiva para obligar a los kuwaitíes a cumplir. Nadie pensó que después de la agotadora guerra con Irán, Saddam entraría con tanto entusiasmo en un nuevo conflicto, menos contra un país árabe con el que estaba negociando activamente para resolver sus problemas. Ni siquiera Kuwait estaba listo, ya que su ejército no estaba totalmente movilizado ni preparado. Así, en tan solo doce horas, las fuerzas iraquíes habían rebasado rápidamente a los 16.000 efectivos del Ejército de Kuwait, ocupando todo el territorio de su vecino del sur. La guerra del Golfo había comenzado oficialmente.

Un reunión entre Mijaíl Gorbachov y George Bush padre, donde firmaron un acuerdo para acabar con el uso de armas químicas (1.990). Fuente: https://commons.wikimedia.org

No pasaría mucho tiempo antes de que se hiciera evidente que Saddam había cometido un error en sus cálculos. En cuestión de días, gran parte del mundo condenaría la invasión de Kuwait, exigiendo la retirada de las tropas iraquíes. No fue sorprendente que la mayoría de los aliados occidentales de Kuwait, como Estados Unidos y el Reino Unido, encabezaran este tipo de presión diplomática, tanto en los medios de comunicación como en las Naciones Unidas. Lo que sorprendió a algunos, sino a todos, fue que la Unión Soviética, que tenía la costumbre de oponerse a las acciones estadounidenses en la ONU, respaldaba la diplomacia estadounidense. El presidente soviético en ese momento, Mijaíl Gorbachov, estaba dispuesto a apoyar a Estados Unidos en este asunto por varias razones. Por un lado, en ese momento, los mismos soviéticos estaban atravesando una crisis económica y Gorbachov trató de aliviarla abriéndose a Occidente y contando con su ayuda. Si se oponía, esa ayuda financiera cesaría. Y por esa misma razón, el liderazgo soviético estaba, como mínimo, molesto porque Saddam, su aliado en los papeles, eligiera actuar por su cuenta. Sus acciones resultaron dañinas tanto para la reputación de la Unión Soviética como para sus muy necesarias pero mejoradas relaciones con Occidente. Por lo tanto, la URSS estaba dispuesta a emitir una declaración conjunta con Estados Unidos que condenara la invasión iraquí. De hecho, esta disposición para la cooperación de la Unión Soviética demostraría ser un factor importante en el desarrollo de la guerra del Golfo.

Aparte del apoyo soviético, la Liga Árabe también jugaría un papel fundamental en los acontecimientos futuros. La mayoría de sus miembros, aparte de Irak y Libia, se opuso a las acciones de Saddam, considerando como innecesaria la violencia entre árabes. El 3 de agosto, la Liga aprobaría una resolución en la que pedía la retirada de las tropas iraquíes y la reanudación de las negociaciones pacíficas, al tiempo que objetó la posibilidad de una intervención de fuerzas no árabes. Esto dejaría a Saddam sin un solo aliado considerable ya al segundo día de la ocupación iraquí de Kuwait. Sin embargo, la posición de Saddam finalmente no fue condenada; sin embargo, la diplomacia estadounidense solo se estaba preparando para futuras acciones. En los días siguientes, los diplomáticos estadounidenses estuvieron ocupados en dos frentes. Uno internacional, trabajando en la ONU para otra resolución después de la primera emitida el 3 de agosto, que acababa de condenar las acciones de Irak. Los americanos sabían que simplemente amonestar al gobierno iraquí no haría mucho para persuadir a Saddam de que se retirara. Por lo tanto, comenzaron a trabajar en una resolución que promulgaría sanciones económicas totales contra Irak. Para eso, Estados Unidos tuvo que lograr una vez más el consentimiento de la Unión Soviética, ya que su poder de veto en el Consejo de Seguridad de la ONU podía impedir que se aprobaran futuras resoluciones.

Por suerte para los americanos, el bloqueo económico fue aceptado por los soviéticos como una solución pacífica. Además de la URSS, también era crucial que los vecinos iraquíes más cercanos también aceptaran estas sanciones. La mayoría de ellos estaban dispuestos a aceptarlas. El único problema era Turquía. Aunque se opuso a la invasión iraquí, a Turquía le preocupaba que esas sanciones pudieran dañar su economía. Este potencial problema fue resuelto con el envío de ayuda financiera de Estados Unidos a Turquía, con la salvedad de cuestionar el futuro de Turquía en la OTAN (la Organización del Tratado del Atlántico Norte) si se negaba a cumplir. Así, la diplomacia de los Estados Unidos se aseguró estas sanciones económicas, que primero fueran impuestas por la Resolución 661 de la ONU el 6 de agosto y luego promulgadas por los vecinos de Irak. La presión económica sobre Irak se vio reforzada por el hecho de que Estados Unidos y la mayoría de los demás países también congelaron los activos iraquíes o kuwaitíes en el exterior. Sin embargo, el liderazgo estadounidense sintió que esto por sí solo no sería suficiente, por lo que, simultáneamente, se puso a trabajar para asegurarse su posición si fueran necesarias acciones militares. Para eso, los miembros de diplomacia estadounidense se pusieron a trabajar en primer lugar con los saudíes y el resto de la Liga Árabe. Su primer problema fue obtener el permiso de Arabia Saudita para el despliegue de tropas extranjeras en su territorio, lo cual era vital para eludir las defensas costeras de Saddam.

Tradicionalmente, los saudíes estaban en contra de que se permitiera la presencia de fuerzas no domésticas en su suelo, especialmente las no musulmanas. Así, en un principio, Arabia Saudita, junto con otros miembros de la Liga Árabe, trataron de encontrar una solución pacífica. Parecía que Saddam estaba abierto a la posibilidad de una reunión árabe que resolviera el problema. Aun así, Egipto, quien fuera un antiguo adversario de Irak, emitió una declaración condenando la invasión de Irak. Después de eso, Saddam perdió su confianza en la Liga Árabe. No obstante, el rey saudí todavía esperaba que fuera posible una solución pacífica. En ese momento, la inteligencia americana mostró a los líderes saudíes que las fuerzas iraquíes se estaban concentrando en sus fronteras, advirtiéndoles que podrían ser los siguientes. Es poco probable que Saddam también planeara continuar su avance hacia Arabia Saudita, pero esto fue suficiente para que los sauditas se preocuparan. Además, si Kuwait permanecía bajo control iraquí, se convertiría en el mayor productor de petróleo de los países de la OPEP, destronando a Arabia Saudita de su posición de liderazgo en esa organización. Después de mucho debate entre los más altos funcionarios del país, Arabia Saudita decidió permitir el despliegue de tropas estadounidenses en su territorio. Eludieron las tradiciones invitándolos oficialmente a su suelo el 6 de agosto de 1990. Al día siguiente, las primeras tropas estadounidenses se desplegarían en territorio saudí. Esta invitación también se envió a otros países árabes. Egipto y Marruecos respondieron al llamado con bastante rapidez.

El secretario de Defensa de Estados Unidos, Dick Cheney, y el ministro de Defensa de Arabia Saudita, Sultán bin Abdulaziz (finales de 1990). Fuente: https://commons.wikimedia.org

Para entonces, Saddam se dio cuenta que él y sus asesores habían cometido un error de colosal cálculo. La intervención militar por tierra ahora era posible. Además, Estados Unidos fue el primero en desplegar tropas, mostrando una aparente disposición de su parte a entrar en un posible conflicto armado, mientras que la mayoría de los árabes, así como la Unión Soviética, apoyaron los esfuerzos estadounidenses contra Irak. Sin embargo, esto no fue suficiente para hacer retroceder a Saddam. En cambio, el gobierno iraquí obstinadamente tomó represalias proclamando primero a Kuwait como una república con un gobierno provisional el 7 de agosto y luego al día siguiente anunciando la anexión total de Kuwait. Se convertiría en la decimonovena provincia de Irak. En ese período, las fuerzas iraquíes reforzaron su control sobre Kuwait arrestando y ejecutando a posibles líderes de la oposición. Al mismo tiempo, se estaba llevando a cabo el saqueo sistemático de Kuwait. Los iraquíes se llevarían varios artículos de uso diario y lujosos, equipos industriales y electrónicos, y mucho más, para completar con unos dos mil millones de dólares encontrados en el banco central de Kuwait. Esto ayudó a aliviar los efectos inmediatos de las sanciones económicas impuestas a Irak. En el frente de la diplomacia extranjera, Saddam intentó ganar algo de credibilidad al vincular Palestina a la invasión de Kuwait. Afirmó que Irak estaba dispuesto a retirarse de Kuwait si Israel se retiraba de las tierras palestinas. Una vez más, se estaba presentando como un gran líder panárabe, luchando no solo por las necesidades de Irak sino también por una causa árabe más amplia.

Encuentro entre Saddam Hussein y el primer ministro del breve régimen títere de Kuwait (1990). Fuente: https://commons.wikimedia.org

Este intento resultaría infructuoso. La mayoría de los países árabes continuarían viendo a Irak como un agresor y una posible amenaza, mientras que Estados Unidos no tenía intención de reconocer ninguna conexión entre los dos problemas. Por supuesto, esa actitud no fue sorprendente, ya que Israel probablemente era el aliado más cercano que tenía Estados Unidos en el Medio Oriente. Por tanto, la cuestión de Kuwait entró en un punto muerto. Las fuerzas aliadas todavía se concentrarían constantemente en la frontera entre Arabia Saudita e Irak, mientras que Irak se negaba obstinadamente a retirarse de Kuwait. Desde un punto de vista superficial, la negativa de Saddam a poner fin a su ocupación podría verse como su arrogancia y su creencia de que Irak podría luchar contra el mundo o siguiendo su apetito dictatorial nacionalista. Sin embargo, estas suposiciones, en el mejor de los casos, solo son parcialmente ciertas. Saddam no se engañaba y no creía que sus ejércitos pudieran lograr una victoria directa contra las fuerzas internacionales que se estaban juntando en las fronteras iraquíes. Sin embargo, creía que podía llevar sus avances a un estancamiento militar, infligiendo bajas lo suficientemente altas como para obligarlos a negociar con él. Además, los apetitos expansionistas de Saddam no eran tan grandes como la mayoría los ha presentado. Parece que se habría contentado con obtener solo las islas Warbah y Bubiyan y los derechos sobre el campo petrolero del

Sur de Rumaila. Lo más probable es que estuviera utilizando la anexión de Kuwait como moneda de cambio.

El problema era que, para la mayor parte del mundo, especialmente para Estados Unidos, no había nada que negociar. Irak tuvo que retirarse incondicionalmente. Sin embargo, Saddam no pudo aceptar eso. Debido a la creciente crisis económica causada por las sanciones, que condujo al racionamiento y al creciente descontento entre los iraquíes comunes, su posición era inestable, y no solo la suya sino la de todos los líderes del Baaz. Por lo tanto, una retirada sin ganancias probablemente significaría su caída del poder y posiblemente algo aún más duro. En ese momento el gobierno iraquí no podía permitirse otra guerra sin sentido que no traería nada más que una crisis económica. Estados Unidos hizo oídos sordos a estos hechos, pero otros países eran conscientes de ello. Por ejemplo, el presidente francés François Mitterrand intentó encontrar una solución pacífica pidiendo la retirada de todas las tropas extranjeras en los territorios del Medio Oriente, incluidos los soldados iraquíes en Kuwait, las fuerzas internacionales en Arabia Saudita y los soldados israelíes estacionados en los territorios en disputa. Además, abogó por permitir que los palestinos tuvieran su propio país, así como por la reducción de armamentos de toda la región, desde Irán hasta Marruecos. Por supuesto, este grandioso plan fue rechazado por casi todos. A pesar de eso, durante el estancamiento del tema, varias otras naciones intentaron mediar por la paz en la región, tanto por el bien de la paz misma como para ganar prestigio internacional al resolver un problema tan importante. A esto se sumaría el hecho de que los países no productores de petróleo también estaban sufriendo económicamente por el aumento de los precios del petróleo.

El más notable fue el intento soviético, ya que Gorbachov quería evitar cualquier posible uso de fuerzas internacionales contra Irak. A principios de octubre, la URSS enviaría a su representante a Bagdad para intentar persuadir a los iraquíes de que se retiraran. Gorbachov incluso envió una carta directamente a Saddam a través de esa misión.

Sin embargo, los soviéticos no pudieron prometer ninguna ganancia para Irak. Por lo tanto, una vez más, Saddam no tuvo más remedio que continuar con su ocupación, ya que Estados Unidos no estaba dispuesto a ceder en lo más mínimo a las demandas de Irak. De hecho, desde la invasión iraquí, parecía que Estados Unidos estaba abordando este tema con la política de "no negociación": o Irak se retiraba o Estados Unidos usaría la fuerza necesaria. Sin embargo, parecía que Estados Unidos estaba decidido a pasar por las Naciones Unidas para preservar su credibilidad internacional. Esa elección podría estar relacionada con la experiencia de la guerra de Vietnam, en la que gran parte del mundo vio la participación estadounidense como injusta. Por esa razón, Estados Unidos utilizaría al Consejo de Seguridad de la ONU para ejercer presión sobre Irak. Con la Resolución 660 de la ONU, que se aprobaría el 2 de agosto en la que condenaba la invasión iraquí, la diplomacia estadounidense se basaría en las resoluciones de la ONU para obtener legitimidad.

Buque de la Armada de Estados Unidos estacionado en el golfo Pérsico, reforzando el bloqueo económico (finales de 1990 / principios de 1991). Fuente: https://commons.wikimedia.org

Por ejemplo, después de que se promulgara la Resolución 661 de la ONU, que fue apenas tres días después de que comenzara la agresión iraquí, la mayor parte del mundo acordó promulgar sanciones económicas contra Irak. No obstante, algunos países no querían o eran incapaces de respetar ese embargo. Por esa razón, la Resolución 665 de la ONU fue adoptada el 25 de agosto de 1990, permitiendo el bloqueo naval para imponer las restricciones económicas a Irak. Esto le permitiría a Estados Unidos y a su principal aliado, Gran Bretaña, usar la fuerza si fuera necesario para promulgar las sanciones, algo que algunos han visto como una violación del derecho internacional. Otro problema que surgió, que fuera tratado por la ONU, fue el de los extranjeros (los que no eran iraquíes ni kuwaitíes) que quedaron en Kuwait después de la ocupación. Existía preocupación por el trato que recibían de los iraquíes, quienes, a través de raciones, concentraban sus suministros en el ejército. Vistos como rehenes debido a que las autoridades iraquíes no les permitirían irse después de la ocupación, la ONU aprobó la Resolución 666 el 12 de septiembre, que exigía que el gobierno iraquí les proporcionara los suministros necesarios. Algunos países, como Cuba y Yemen, vieron la raíz de este problema en el bloqueo económico, que provocaría hambrunas en Irak y obligaría al gobierno Baaz a racionar sus suministros. Sin embargo, la ONU continuó aprobando resoluciones que se volvieron cada vez más agresivas en su tono. Por ejemplo, la Resolución 674 de la ONU de finales de octubre declaraba que "el Consejo necesitará tomar más medidas" si Irak no cumplía con las demandas.

La razón principal de esto fue el hecho de que Estados Unidos y los británicos comenzaron a expresar más activamente su opinión de que el uso de la fuerza militar sería necesario. Así, los gobiernos de esos países comenzaron a reunir apoyo para dicho movimiento mientras intentaban persuadir a otras naciones de que las sanciones económicas habían fracasado y que el uso de la fuerza era el último recurso. Ha habido muchos críticos tanto en ese momento como incluso hoy que piensan que no hubo suficiente tiempo para que el bloqueo funcionara y que, con suficiente tiempo, Saddam se habría retirado pacíficamente. Sin embargo, a los gobiernos de Estados

Unidos y Gran Bretaña les preocupaba que el tiempo estuviera a favor de los iraquíes. Su principal preocupación era que surgieran diferencias entre los miembros permanentes del Consejo de Seguridad de la ONU, lo que haría bastante difícil, si no imposible, que adoptara nuevas resoluciones sobre la invasión iraquí. Este temor fue alimentado por acciones tanto soviéticas como francesas, ya que esos dos miembros permanentes del consejo fueron los defensores acérrimos de una solución pacífica a la crisis de Kuwait. Así, a finales de noviembre, el Consejo de Seguridad de la ONU se reunió y votó sobre lo que se conocería como la Resolución 678 de la ONU. En ella, la ONU dio un ultimátum de facto a Irak, declarando que las fuerzas iraquíes tenían hasta el 15 de enero de 1991 para retirarse de Kuwait. Si el gobierno iraquí no cumplía, la ONU concedía a los Estados de la Coalición el derecho a utilizar "todos los medios necesarios" para liberar Kuwait.

La resolución en sí sería muy criticada, tanto moral como legalmente. La principal objeción que tenían muchos era el hecho de que Estados Unidos había utilizado medios de persuasión poco éticos ejerciendo presión a su favor. Por ejemplo, los soviéticos fueron literalmente comprados con alrededor de siete mil millones de dólares en ayuda proveniente de varios países, incluidos algunos que fueron presionados por Estados Unidos, entre ellos Arabia Saudita, que solo proporcionaría mil millones. Aparte de eso, el mismo Estados Unidos prometió considerables envíos de alimentos a los soviéticos. Por otro lado, los chinos, que tradicionalmente estaban en contra de cualquier intervención extranjera, fueron conquistados con favores diplomáticos. Estados Unidos debía levantar las sanciones económicas impuestas después del incidente de la Plaza de Tiananmén en 1989, y la Casa Blanca recibiría al ministro de Relaciones Exteriores de China. A cambio de esos favores, China se abstendría de votar sobre la resolución. Otros miembros vacilantes del Consejo de Seguridad de la ONU también fueron convencidos por incentivos económicos o diplomáticos. Esto fue suficiente para dejar solo a dos países en el consejo en su contra, Cuba y Yemen, que se negaron a ser sobornados o intimidados. Yemen, uno de los países más pobres en ese momento, sufriría por su "no" en la ONU. Estados Unidos, el Fondo Monetario Internacional y el Banco Mundial detuvieron de inmediato su programa de ayuda a Yemen, que ascendía a unos setenta millones de dólares, mientras que Arabia Saudita expulsó a unos 800.000 trabajadores yemeníes.

Sin embargo, esta política de "palo y zanahoria" utilizada por Estados Unidos para asegurar los votos en el Consejo de Seguridad de la ONU no fue la única razón por la que algunos han cuestionado la moralidad de la Resolución 678 de la ONU. A los ojos de algunos observadores, el hecho mismo de otorgar el derecho al uso de la fuerza a la Coalición liderada por Estados Unidos era, de hecho, contraria a la carta fundacional de la ONU. Con esta acción, la ONU estaba evitando la responsabilidad directa y la rendición de cuentas por el uso de esta fuerza militar, permitiendo el control unilateral y la orquestación de la política mundial por parte de Estados Unidos. Además, al hacerlo, la ONU alentó a apartarse de los valores y el propósito predominantemente pacíficos y humanitarios en los que se fundó. Por otro lado, algunos juristas han considerado inválida esta resolución. En su interpretación, la decisión china de abstenerse de votar anuló la decisión, ya que la Carta de la ONU establecía que las decisiones del Consejo de Seguridad deben contar con los votos concurrentes de al menos nueve de los quince miembros, incluidos los cinco miembros permanentes. No obstante, para la mayoría de la gente en ese momento, incluidos los miembros del consejo, esto no era un problema. Se convenció a los propios chinos de que no votaran en contra de tal acción. Aun así, su política exterior no les permitió votar por una intervención militar en un estado soberano.

Al final, las cuestiones de moralidad y legalidad de la Resolución 678 de la ONU preocuparon poco a las fuerzas de la Coalición, principalmente a Estados Unidos. Quienes lo cuestionaron eran minoría. La mayor parte del mundo la aceptaría, ya que sus acciones habían sido aprobadas oficialmente por las Naciones Unidas, que les daba a las fuerzas la legitimidad que necesitaban para su participación en un conflicto con Irak. La mesa estaba preparada para una guerra en toda regla entre las fuerzas de la Coalición y el ejército de Saddam, ya que la mayoría de los analistas se dieron cuenta de que había pocas posibilidades de que los iraquíes realmente se retiraran. Desde el 29 de noviembre de 1990 al 15 de enero de 1991, el mundo simplemente estaba esperando que comenzara el enfrentamiento de las dos fuerzas.

Capítulo 4 - Fuerzas Militares de la Guerra del Golfo

Para comprender completamente los acontecimientos de la guerra del Golfo, su curso y su resolución, primero debemos profundizar en los estados de las fuerzas opuestas. Por un lado, estaba la maquinaria militar iraquí, que tenía experiencia en recientes combates. En el lado opuesto estaba una fuerza de coalición liderada por el ejército estadounidense. Tenía mucho que demostrar, tanto porque todavía cargaba con la cruz de la guerra de Vietnam como porque era la potencia líder del mundo emergente de la posguerra fría.

En los papeles, el Ejército Iraquí era un enemigo formidable. Tenía alrededor de un millón de soldados activos, aunque las estimaciones varían, con la posibilidad de duplicar ese número mediante el reclutamiento total de hombres de 18 a 34 años. Dividido en unas 60 divisiones, también tenía entre 5.500 y 6.000 tanques y unos 8.000 vehículos blindados de transporte de personal APC, (por sus siglas en inglés (Armoured Personal Carrier, carro de transporte militar). Tenía apoyo aéreo de alrededor de 200 helicópteros y 900 aviones, combinado con una formidable red de defensa aérea que consistía en aproximadamente 10.000 artillería antiaérea (AAA). La Armada iraquí era la única parte de la maquinaria de guerra de Saddam que parecía poco impresionante, lo cual no es sorprendente debido a la línea costera bastante corta de Irak. Sin embargo, la fuerza del ejército iraquí era abrumadora solo cuando se miraban estas cifras brutas en papel. Si uno profundiza en los detalles, rápidamente se hace evidente que el poder militar del ejército iraquí en gran medida era desproporcionado para la cobertura de los medios de comunicación de la época. Varias cuestiones centrales plagaban a las fuerzas Baaz. En primer lugar, aunque su ejército era numeroso, no todos estaban estacionados en el sur. Algunos permanecían cerca de las fronteras siria e iraní en caso de un ataque sorpresa. Además de eso, la mayoría de los soldados iraquíes eran reclutas que carecían de moral y entrenamiento para el combate.

A pesar de cómo los presentaron los medios occidentales, no todos los soldados iraquíes operativos de esa época eran combatientes activos en la guerra Irán-Irak. También había un número considerable de nuevos reclutas jóvenes. Peor aún para el alto mando iraquí era la baja moral. En ese momento el régimen de Baaz estaba luchando por ganar popularidad. Esto significaba que al menos algunos de sus soldados estaban desilusionados con su liderazgo, y se preguntaban si la nueva guerra traería mejor fortuna que la anterior. En contraste con esos soldados de infantería comunes, se encontraba un alto mando verdaderamente experimentado, que era, de hecho, muy hábil para coordinar movimientos de masas, ataques de artillería y maniobras complejas. Su especialidad era la estrategia de defensa estática, respaldada por la reserva móvil, que se había utilizado contra los iraníes. Sin embargo, el problema que surgió fue que el cuartel general iraquí tenía problemas con las unidades comunes que ejecutaban esas órdenes. La excepción notable fue la Guardia Republicana, que consistía en soldados mejor entrenados y equipados que eran bastante leales al régimen de Saddam. De hecho, durante la guerra del Golfo, parece que la Guardia Republicana fue la única parte del ejército iraquí que realmente mostró una gran capacidad de maniobra y cooperación. Sin embargo, su número era bastante bajo (alrededor de 150.000) y durante la mayor parte del conflicto se utilizaría como reserva estratégica.

Otro problema que asolaría al ejército iraquí era la variedad de armas y equipos. En la década en que condujo a la guerra del Golfo, Irak estaba recolectando armas de donde podía. Como se mencionó anteriormente, provenían de la Unión Soviética y sus aliados, como Francia, China, Brasil, etc. Ese tipo de diversidad en el equipo sería una pesadilla logística para el alto mando iraquí. Tenía que concentrar tipos similares de vehículos y sistemas de armas en las mismas unidades para facilitar tanto su uso como su mantenimiento. Además, dado que Irak se enfrentaba a una crisis económica sustancial, la mayoría de las armas no se mantenían en perfecto estado, mientras que el ejército, en general, carecía de las piezas de repuesto necesarias para repararlas. Las industrias en Irak estaban produciendo algunas de las piezas adicionales necesarias, aunque a menudo no en las cantidades necesarias. No obstante, productos más delicados como la microelectrónica estaban por encima de sus capacidades tecnológicas. En algunos casos raros, la industria militar iraquí incluso pudo producir mejoras de armas basadas tanto en diseños nacionales como extranjeros. No obstante, la falta de repuestos afectaría a la mayoría de las fuerzas armadas iraquíes. No era raro que los ingenieros iraquíes practicaran la "canibalización mecánica" cuando la necesidad era demasiado extrema. Este problema también significaba que su equipo a menudo tenía un rendimiento inferior, lo que reducía aún más la efectividad de fuego de las fuerzas de Baaz.

Tanque de batalla principal iraquí abandonado T54 / 55. Fuente: https://commons.wikimedia.org

Sin embargo, probablemente el problema más crucial del ejército iraquí fue el hecho de que la mayoría de las unidades estaban equipadas con armas obsoletas. Por ejemplo, en los papeles, aproximadamente 6.000 tanques parecían más que una fuerza formidable. Sin embargo, en realidad, más de la mitad de esos tanques eran tanques soviéticos T-54/55 o sus variaciones China (T-59/69-I) y Rumania (TR-77), que fueron originalmente diseñados y producidos por primera vez en los años posteriores a la Segunda Guerra Mundial. Esto significa que más de la mitad de las fuerzas blindadas iraquíes estaban equipadas con tanques basados en tecnología de hacía 45 años. El segundo tanque más utilizado en el ejército iraquí, con un total aproximado de 1.200 vehículos, fue el T-62 soviético. Aunque era un modelo temido cuando se introdujo por primera vez en 1961, el T-62 era un diseño de treinta años, a principios de la década de 1990, lo que también lo hacía obsoleto. La mayoría de los tanques modernos que tenían los iraquíes eran los T-72 soviéticos, que tenían varias variaciones. Había aproximadamente 500 de ellos en servicio, y en su mayoría estaban adscritos a las unidades de la Guardia Republicana. Estos tanques T-72 a veces se modernizaron con algunas modificaciones, pero el diseño básico había sido desarrollado por los soviéticos en 1971, veinte años antes de la guerra del Golfo. Además de esos tanques originarios de la Unión Soviética, el ejército iraquí también tenía otros tanques, sobre todo 200 a 300 Mk británicos Caciques 3 / 3P y 5 / 5P, que habían sido capturados de los iraníes. Sin embargo, estos también habían sido diseñados y producidos en la década de 1970, que fue cuando se enviaron a los iraníes, en ese momento todavía aliados británicos.

El ejército iraquí tenía modelos igualmente obsoletos de los APC, la mayoría eran variaciones del BTR-50 y BTR-60 soviéticos, que se diseñaron por primera vez en los años 50 y 60. A diferencia de los tanques, los tipos de APC utilizados por los iraquíes variaban más. Utilizaron el AMX 10P y el Panhard M3, franceses el OTO Melara Tipo 6614 italiano, el ENGESA EE-9 brasileño, el M60-P yugoslavo, el YW531 chino y muchos más. Sin embargo, la mayoría de estos también se habían diseñado en la década de 1960 y principios de la de 1970. Probablemente la única excepción fuera el BMP-2 soviético, que fuera diseñado en 1980, pero esos estaban asignados únicamente a la Guardia Republicana. La artillería iraquí era igualmente variada, y consistía principalmente en la variación yugoslava del obús soviético D-30 de 122 mm, que se basó en un diseño de los años 60, y el D-44 soviético de 100 mm y el M-46 de 130 mm de la década de 1950. Junto con ellos, el ejército iraquí utilizaría los obuses austríacos GH N-45, los sudafricanos G5 y los estadounidenses M114 de 155 mm. Además de los tipos comunes de artillería, las fuerzas de Saddam también utilizaron artillería autopropulsada (SPG) y lanzacohetes múltiples (MRL), cada uno de los cuales constituía aproximadamente el 10% de la artillería iraquí. Los 2S1 y 2S3 SPG soviéticos eran los más comunes, pero el ejército de Irak también tenía los franceses Mk F3 y GCT, así como los estadounidenses M109A1, que habían capturado a Irán durante la guerra. Los modelos soviéticos eran de la década de 1970, mientras que los franceses y estadounidenses fueron diseñados durante la década de 1960. Los LMR utilizados por los iraquíes serían principalmente los BM-21 soviéticos de la década de 1960 y los Avibras Astros II brasileños de 1983.

En contraste, la Fuerza Aérea Iraquí era mucho menos variada. La mayor parte de su poder consistía en MiG-21, MiG-23, Mig-25 y MiG-29 soviéticos. También utilizaron Su-7, Su-20, Su-22, Su-24 y Su-25 soviéticos. Los más modernos de estos aviones de combate fueron diseñados a fines de la década de 1970 y no eran tan numerosos en el arsenal iraquí. Junto con ellos, utilizaron cazabombarderos franceses Mirage F1 de la década de 1960 y bombarderos soviéticos Tu-16 y Tu-22 de los años 50 y 60. Mucho más temidos entre las fuerzas de la Coalición eran los misiles balísticos tácticos Scud diseñados por la OTAN, la mayoría de los cuales se originaron en la URSS. El más utilizado de estos fue el llamado Scud-B, originalmente llamado por los soviéticos R-17, eran de finales de la década de 1960. La industria militar iraquí también desarrolló su propio Al Hussein (al-Husayn) a fines de la década de 1980. Básicamente se trataba de mejoras del R-17 soviético para aumentar su alcance. Ambas armas eran capaces de transportar no solo ojivas convencionales, sino también químicas, biológicas e incluso nucleares. Su alcance, que llegaba a 400 millas (644 kilómetros), significaba que, en teoría, el ejército iraquí podía incluso bombardear las unidades de apoyo y el cuartel general de la Coalición. Sin embargo, ni los misiles tácticos ni la artillería convencional terminaron representando una amenaza real para las fuerzas de la Coalición.

Dos misiles Al Hussein *modificados por Irak exhibidos con sus lanzadores en la exhibición de armas de Bagdad de 1989. Fuente:*
https://commons.wikimedia.org

Cuando se habla de armamento de mano, el ejército iraquí utilizaría varios tipos de rifles de asalto los AKM y AK-74 soviéticos, que eran modificaciones y modernizaciones del famoso AK-47. Además, el ejército iraquí utilizó ametralladoras ligeras RPD y RPK de fabricación soviética, así como ametralladoras SGM y PK medianas y pesadas. Los iraquíes también emplearían rifles de francotirador SPD soviéticos y yugoslavos M-76. Las pistolas más utilizadas fueron la T-33 soviética y la Tariq iraquí, un diseño que se basó en la Beretta M1951 italiana. Otra arma de uso común fue el famoso RPG-7, un lanzacohetes de mano antitanque. Todos estas armas de mano fueron diseñadas durante los años 60 y 70, pero todavía bastante útiles en el campo de batalla. Con todo, cuando se mira al ejército iraquí, no era una fuerza para tomarse a la ligera, ya que tenía sus puntos fuertes. Sin embargo, cuando se mira hacia atrás en cómo el mundo y las noticias vieron las fuerzas de Saddam, queda claro que la mayoría de los medios exageraron sus poderes en alto grado. Al mismo tiempo, los generales de la Coalición se estaban preparando legítimamente para el peor escenario posible, que la exageración sobre la fuerza iraquí solo los ayudaría. Todo se debió a las experiencias de Vietnam del Ejército de los Estados Unidos, que en ese momento aún estaban frescas, tanto en los círculos militares como en los medios de comunicación.

Por esa razón, el ejército estadounidense estaba abordando este conflicto con la mayor seriedad. La gran cantidad de soldados estadounidenses desplegados lo demuestra. Había aproximadamente 697.000 soldados estadounidenses en la guerra del Golfo, que constituían casi las tres cuartas partes de las fuerzas totales de la Coalición, que sumaban alrededor de 955.000 hombres. En comparación, en el pico de participación de Estados Unidos en la guerra de Vietnam en 1969, había habido 543.000 soldados estadounidenses desplegados. Otra diferencia esencial entre el Ejército de Estados Unidos durante la guerra de Vietnam y la guerra del Golfo fue su moral y entrenamiento. Después del fracaso de la guerra de Vietnam, el gobierno de Estados Unidos había abandonado el sistema de reclutamiento, convirtiendo al ejército de Estados Unidos en una fuerza entrenada profesionalmente y basada en voluntarios. A pesar de eso, algunos de los medios de comunicación en ese momento presentaban al Ejército de los EE. UU. como no preparado para la guerra en el desierto, de manera similar a cómo no estaba preparado para las selvas de Vietnam. Sin embargo, las fuerzas estadounidenses se entrenaban regularmente para las duras condiciones del Medio Oriente en el desierto de Mojave, que se encuentra en la frontera de California y Nevada, así como en partes de Texas y Nuevo México. Algunas de las tropas incluso se entrenaron en Egipto durante la década de 1980 en forma de ejercicios militares con el ejército egipcio. Por lo tanto, los soldados estadounidenses estaban bien preparados, con la moral ata y gran espíritu de lucha.

Países que fueron miembros de la Coalición y su aporte aproximado en personal. Fuente: https://commons.wikimedia.org

Además de Estados Unidos, otros 34 países contribuirían a las fuerzas de la Coalición. Entre las más numerosas estaban las fuerzas saudíes, con entre 60.000 y 100.000 hombres, y las británicas, con unos 53.000. Egipto enviaría 20.000 hombres, mientras que Francia desplegaría 18.000 efectivos. Otros contribuyentes notables, cuyo número de soldados superó los 2.000, fueron Marruecos, Siria, Kuwait (aquellas fuerzas que lograron eludir a los iraquíes durante la invasión), Omán, Pakistán, Canadá, Emiratos Árabes Unidos (EAU), Qatar y Bangladesh. Otros enviaron un número bastante insignificante de hombres, no más de unos pocos cientos. Es importante señalar que la mayoría de los soldados de los países con contribuciones menores en realidad personal era de apoyo, como ingenieros, médicos y guardias de base, mientras que otros participaban solo en la guerra aérea. Entonces, no todos los países participaron en un combate directo. Al observar la cantidad bruta de hombres que fueron desplegados, una cosa queda clara. Las fuerzas de la Coalición no fueron superadas en número, como algunos medios las describieron. Los dos lados de este conflicto eran bastante iguales en tamaño. Incluso es discutible que los iraquíes fueran algo superados en número, ya que algunas estimaciones afirman que solo entre 650.000 y 750.000 soldados iraquíes fueron desplegados en el teatro de la guerra. Otros estaban estacionados en regiones del norte, aunque es posible que se unieran a la lucha si fuera necesario.

Soldados egipcios de la Coalición en oración. Fuente: https://commons.wikimedia.org

Pero las cifras brutas y el entrenamiento general del ejército estadounidense, respaldado por el resto de las fuerzas de la Coalición, no eran las únicas ventajas que tenían sobre los iraquíes. El ejército de los Estados Unidos desplegó alrededor de 2.000 tanques de batalla M1A1 Abrams, que eran versiones mejoradas de 1986 del M1 Abrams de la década de 1980. Estos tanques eran los más modernos y tecnológicamente avanzados de la época. El M1A1 tenía un alcance de fuego superior a los 8.200 pies (2.500 metros), mientras que la mayoría de los tanques iraquíes alcanzaban los 6.600 pies (2.000 metros). También tenía mejores ópticas, mayor precisión y penetración, así como una mejor armadura. Ni siquiera el T-72 soviético estaba a la altura; solo era comparable a los cientos de tanques M60A1 / A3 Patton y M551A1 Sheridan que se usaron como reemplazo para el M1A1. Esos eran tanques estadounidenses más antiguos que fueron diseñados y modificados a fines de la década de 1960 y principios de la de 1970. Las fuerzas terrestres de los Estados Unidos también estaban equipadas con aproximadamente 3.000 APC, la mayoría de los cuales eran M2 y M3 Bradleys, que fueron diseñados en 1981. Estos estaban equipados no solo con un cañón de 25 mm sino también con un lanzador de misiles TOW, con lo que podían también atacar tanques. Además de esos, se utilizaron vehículos anfibios de asalto y reconocimiento, como el LAV-25, que fue diseñado en 1983, y los antiguos AAVP-7A1 de la década de 1970. También tenían el M113A2, que era una modificación de 1970 del diseño de 1960.

Tanques M1 Abrams en el desierto iraquí con un APC M2 / M3 Bradley en la parte trasera. Fuente: https://commons.wikimedia.org

En conjunto, el Ejército de los Estados Unidos envió vehículos terrestres más avanzados y mejor equipados que sus homólogos iraquíes, que, por supuesto, también estaban mejor mantenidos. Además de Estados Unidos, sus aliados en las fuerzas de la Coalición también traerían sus propios vehículos. Los británicos trajeron el tanque FV4030 / 4 Challenger 1, que, al igual que el Abrams, era un tanque moderno que entró en servicio en 1983. Además, tenían el FV 4003 Centurión Mk 5 AVRE 165, una modificación del de la década de 1960. Su arsenal de APC tenía vehículos más antiguos, como el FV432 Troyano que se diseñara inicialmente en la década de 1960, y más modernos, como el FV 510 Warrior (Guerrero), que entrara en servicio en 1988. Los franceses trajeron sus tanques AMX-30B2, que eran versiones modernizadas en 1979 del diseño original del AMX-30. Al igual que los británicos, trajeron dos APC más antiguos, como el Panhard AML-90, que también fuera utilizado por los iraquíes, y el AMX-10 RC más nuevo que fuera diseñado en la década de 1980. El ejército de Arabia Saudita trajo más de 500 tanques, incluidos el AMX-30S francés y el M60A3 estadounidense, que eran diseños más antiguos de los años 60 y 70. También tenían alrededor de 1.500 APC, que también eran una mezcla de diseños más antiguos de EE. UU. y Francia, como el M113A1 y el Panhard AML-60/90. Las fuerzas kuwaitíes en el exilio estaban armadas con el FV4201 Chieftain (Cacique) británico de la década de 1960, así como con el M84-AB, una modernización yugoslava de 1984 del T-72, que los hacía más comparables a los tanques Abrams y Challenger (Desafiador). En cuanto a los APC, las fuerzas kuwaitíes utilizaron tanto el BMP-2 de fabricación soviética como el M113A1 estadounidense.

Aunque los egipcios tenían vehículos de fabricación soviética en su arsenal, enviaron solo unidades equipadas con los M60A3 y M113A2 / A3 estadounidenses. Por otro lado, Siria, un antiguo aliado de los soviéticos, desplegó principalmente tanques T-54 y T-62, junto con algunos de los modelos T-72. Junto con ellos, utilizaron APC BMP-1 y BTR-60, lo que significaba que estaban utilizando vehículos casi idénticos a los del ejército iraquí. De hecho, viendo lo variado que era el equipo iraquí en general, las fuerzas de la Coalición se mostraron bastante cautelosas ante un posible fuego aliado, que resultó ser más peligroso que la resistencia iraquí. Con todo, al comparar la potencia de fuego de los vehículos del ejército iraquí y la de las fuerzas de la Coalición, es bastante evidente que estas últimas le llevaban ventaja. La mayoría de su transporte blindado y tanques eran más modernos y tecnológicamente más avanzados, mientras que los recursos humanos eran, en el mejor de los casos mínimamente mejor que en el lado iraquí, si no igual. En lo que respecta a la guerra aérea, la superioridad de la Coalición era mucho mayor. No solo tenían ventaja en tecnología y modernidad, sino también en número. Con más de 2.000 aviones, tenían más del doble de toda la Fuerza Aérea iraquí.

La mayoría de estos aviones eran los F-14, F-15, F-16 y F / A-18 estadounidenses, todos diseñados y construidos durante la década de 1970. Junto a ellos estaban el Mirage F1 y el Mirage 2000 franceses, este último desarrollado a fines de la década de 1970 y puesto en servicio en 1984, así como el SEPECAT Jaguar británico/francés y el Tornado británico/alemán/italiano, ambos de la década de 1970. Estos fueron desplegados por varios miembros de las fuerzas de la Coalición, como los franceses, los británicos, los saudíes, los kuwaitíes y los italianos. Las fuerzas estadounidenses también trajeron algunos de sus aviones más antiguos, como el B-52 y F-4, pero también emplearon aviones menos convencionales como el EF-111A Raven, que se introdujo en 1983 y que se había usado para la guerra electrónica. Más famoso que el Raven fue el F-117A Nighthawk (Chotacabras), un bombardero sigiloso también introducido en 1983 que utilizaba tecnología avanzada para no ser detectado por los sistemas de radar enemigos. La eficiencia del aire de la Coalición se vio reforzada por el uso del Sistema de Control y Alerta Aerotransportada (SCAA), que eran sistemas de radar aerotransportados por el Boeing E-3 Sentry (Centinela), así como el Boeing KC-135 Stratotanker, un avión militar de reabastecimiento de combustible, lo que permitiría ataques más profundos en territorio iraquí. Además de los aviones de combate, las fuerzas de la Coalición también utilizaron varios aviones de transporte, como el C-5B Galaxy y el C-130 Hércules.

Un avión sigiloso estadounidense F-117A Nighthawk. Fuente: https://commons.wikimedia.org

La superioridad aérea de las fuerzas de la Coalición se vería reforzada por varios cientos de helicópteros, la mayoría de los cuales fueron desplegados por el ejército estadounidense. Iban desde helicópteros de ataque bastante modernos, como el H-64 Apache, que se introdujera en la década de 1980 y que estaba armado con las tecnologías más avanzadas de ese momento, hasta el AH-1 Cobra de la era de Vietnam, un poco más antiguo. Además, se utilizaría una gama aún más amplia de helicópteros de transporte. Las fuerzas estadounidenses desplegaron algunos de los tipos más antiguos, como el icónico HU-1 "Huey", así como el CH-47 Chinook y el OH-58 Kiowa, los tres del período de la guerra de Vietnam. Pero las fuerzas estadounidenses también utilizaron otros más modernos, como el UH-60 Black Hawk (Halcón Negro), que se introdujera en 1979, y su versión muy modificada de ese helicóptero, el MH-60G / HH-60G Pave Hawk, que entrara en servicio en 1982. Algunos de los tipos comunes utilizados por otros miembros de las fuerzas de la Coalición fueron el SA-342 Gazelle (Gacela) y el SA-330 Puma franceses, diseñados a fines de la década de 1960 y principios de la de 1970, y el británico WG-13 Lynx, que se introdujo en 1978. Así, cuando se resume el poder aéreo aliado, queda claro que los iraquíes fueron severamente sobrepasados. Sin embargo, gracias a su fuerza aérea y sus defensas antiaéreas, al menos pudieron intentar enfrentarse a las fuerzas de la Coalición. Ese tipo de equilibrio desigual del poder militar se haría más evidente en la guerra naval.

Por un lado, las fuerzas de la Coalición trajeron todo tipo de barcos, desde los impresionantes portaaviones y acorazados hasta destructores de tamaño medio, fragatas y cruceros de misiles. Estos barcos se diseñaron principalmente en las décadas de 1960 y 1970, pero esto significaba poco, ya que la Armada iraquí tenía solo un número limitado de pequeños barcos de misiles y patrulleras comunes, que prácticamente no representaban una amenaza para las fuerzas navales de la Coalición. Un aspecto más importante del poder marítimo de la Coalición sería su capacidad para atacar con misiles de crucero subsónicos Tomahawk de largo alcance. Fue una réplica más que digna a la amenaza de los Scuds iraquíes. Introducidos en 1983, estos misiles usaban la tecnología más avanzada de ese tiempo, combinando alta precisión y poder destructivo, además de transportar 1.000 libras (450 kilogramos) de ojivas convencionales. Como tales, demostraron ser una valioso agregado al poder de artillería de la Coalición. En este campo, la principal superioridad de las fuerzas de la Coalición residiría una vez más en el hecho de que sus armas estaban una generación por delante de las del ejército iraquí. Los SPG más utilizados fueron los M109A2 / A3 y M110A2 de EE. UU., que eran versiones modernizadas del diseño original, así como el AMX-30 AuF1 francés, que entrara en servicio en 1977. Además, tenían una amplia gama que utilizaba obuses, como el M198 estadounidense y el Tr-F1 francés, que se introdujeron en 1979 y tenían cañones de 155 mm, así como algunos modelos más antiguos de calibres más pequeños. La potencia de fuego de artillería se completaba con los MLR más modernos y el M270 estadounidense de 1983.

Un barco estadounidense disparando un misil Tomahawk durante la guerra del Golfo. Fuente: https://commons.wikimedia.org

El armamento de mano de las fuerzas de la Coalición también variaría mucho, pero los más importantes fueron el rifle de asalto M16A2 de EE. UU., una versión mejorada y modernizada del M16 de la guerra de Vietnam. Se hizo más confiable y preciso, entrando en un amplio servicio a mediados de la década de 1980. Junto a ellos se encontraban los británicos SA80 L85 de 1985 y los franceses FAMAS de 1979, así como algunos AKM y AK74 soviéticos que fueran utilizados por soldados egipcios y sirios. Estos iban acompañados de numerosos tipos de pistolas, fusiles francotiradores, escopetas, metralletas y otros rifles de asalto. Los soldados de la Coalición también usaron armas antitanques, como el antiguo M72 LAW y, en ese momento, el AT-4 más moderno construido en Estados Unidos, así como el británico LAW 80, los dos últimos introducidos en 1987. Los egipcios también trajeron el RPG-7 soviético. Al final, también es importante señalar que la superioridad de las fuerzas de la Coalición no se basaría solo en las armas sino también en otras innovaciones tecnológicas, como, por ejemplo, el GPS (Global Positioning System, Sistema de Posicionamiento Global). Estas innovaciones, aunque algunas estaban en su infancia como el GPS, proporcionaron una comunicación, maniobra, navegación y cooperación más fáciles de unidades separadas. Ese tipo de ventaja en el departamento de capacidades logísticas no es algo para pasar por alto, ya que mejoraron en gran medida la efectividad y precisión de todas las acciones y misiones realizadas por las fuerzas de la Coalición, aunque la mayor parte de la tecnología solo estaba disponible para el Ejército de los EE. UU.

Después de comparar los dos lados de la guerra del Golfo, una cosa queda clara. Esta no fue ni cerca de una pelea justa como a veces lo informaran los medios. El poder iraquí fue en gran medida menospreciado, haciéndolo parecer una mini superpotencia, lo cual no fue así. Por otro lado, cuando se habla de las fuerzas de la Coalición, el foco generalmente se redujo a varios de sus equipos más atrapantes, como los misiles F-117 y Tomahawk, que, aunque importantes, no eran toda la historia. Detrás de ellos se encontraba una gigantesca fuerza munida con las armas más modernas. Irak básicamente no tenía ninguna posibilidad contra los aliados, aunque muchos pensaran lo contrario.

Capítulo 5 – La Guerra entre las Nubes

Mientras los diplomáticos y políticos negociaban y hablaban, tratando de encontrar una solución pacífica al problema iraquí-kuwaití, los generales planeaban sus futuras batallas cuando se acercaba el 15 de enero de 1991. Los iraquíes preparaban sus defensas terrestres, esperando que pudieran causar suficientes bajas a los estadounidenses como para obligarlos a sentarse a la mesa de negociaciones. Sin embargo, los generales estadounidenses tenían otros planes. Su primer gol no fue en el suelo sino en lo alto, entre las nubes.

Las fuerzas de la Coalición, bajo el mando general del general estadounidense Herbert Norman Schwarzkopf Hijo, se concentraron en evitar la posibilidad de que la guerra del Golfo se convirtiera en el "nuevo Vietnam". Por lo tanto, en lugar de simplemente hacer retroceder a todas las fuerzas terrestres hacia las defensas iraquíes, el comando estadounidense optó por ablandar el objetivo con ataques aéreos primero. El plan era utilizar los 2.000 aviones de combate acumulados por las fuerzas de la Coalición para establecer primero la superioridad aérea total y luego proceder con bombardeos estratégicos de las posiciones iraquíes. Por supuesto, la táctica del dominio aéreo no era algo nuevo. En realidad, era algo que el ejército estadounidense había utilizado desde la Segunda Guerra Mundial. Incluso se aplicaría durante la guerra de Vietnam. La diferencia era que, a principios de la década de 1990, la tecnología estaba lo suficientemente avanzada como para que los bombardeos fueran lo suficientemente precisos como para transferir el dominio del aire al de tierra. Durante la guerra de Vietnam, a pesar de los bombardeos masivos, los efectos fueron algo limitados debido a la incapacidad de seleccionar con precisión los objetivos deseados. Sin embargo, en la guerra del Golfo, la fuerza aérea de la Coalición estaba usando bombas guiadas, lo que permitía una precisión casi quirúrgica. Esto significaba que un cazabombardero armado con solo dos de las llamadas "bombas inteligentes" podía lograr el mismo resultado que aproximadamente 100 bombarderos B-17 durante la guerra de Vietnam.

A pesar de eso, el comando de la Coalición liderado por Estados Unidos no estaba dispuesto a depender únicamente de la tecnología. Los generales de Estados Unidos idearon un plan llamado "Instant Thunder", Trueno Inmediato que expresa un marcado contraste con la "Rolling Thunder," Trueno Rodante de la guerra de Vietnam. A diferencia de su predecesor, Trueno Inmediato iba a ser una campaña aérea ofensiva corta y decisiva, basada en una cuidadosa planificación y coordinación. El territorio en el teatro de operaciones de Kuwait se dividió en 33 cajas cuadradas, de 30 millas (48 kilómetros) de diámetro, lo que permitía la asignación precisa de áreas específicas a un grupo específico de aviones. Con esas "cajas de la muerte", el comando aéreo, que estaba ubicado en la capital saudí de Riad, podía formular órdenes de tareas aéreas, (OTA, un programa que igualaba las posiciones de la Coalición con sus objetivos específicos, todo dentro de un calendario coherente. Por lo tanto, todos los aspectos de las operaciones aéreas se manejaban de manera estricta, desde el despegue hasta el bombardeo y el regreso a la base. Con eso, las fuerzas de la Coalición, o, para ser más precisos, las fuerzas estadounidenses, ya que solo los estadounidenses operaban más de 1.800 aviones, estaban marcando el comienzo de una nueva estrategia aérea combinando tecnología de vanguardia y una planificación cuidadosa, creando un plan que se utilizaría en todas las campañas futuras dirigidas por Estados Unidos.

En contraste con el enfoque moderno y agresivo de Estados Unidos, la Fuerza Aérea iraquí se basaba en un enfoque algo anticuado, defensivo y bastante pasivo. Dos factores podrían explicar esta táctica. El primero fue que durante la guerra Irán-Irak, la Fuerza Aérea Iraquí sufrió pérdidas sustanciales mientras realizaba sus bombardeos estratégicos. Eso dio forma a las tácticas aéreas iraquíes hacia una postura más defensiva. Por lo tanto, sus aviones nunca abandonarían el espacio aéreo iraquí ni emprenderían misiones de ataque contra las fuerzas de la Coalición. Esta complacencia estratégica solo se vio favorecida por el hecho de que la mayoría de los aviones iraquíes estaban desactualizados, a pesar de que la Fuerza Aérea Iraquí tenía algunos de los cazas MiG-29 un poco más nuevos. Al mismo tiempo, fueron superados en número, al menos, por tres a uno. El segundo factor que contribuyó a esta postura defensiva y pasiva fue la confianza de Saddam en sus defensas aéreas. Equipado con miles de armas AAA (del inglés Anti-Aircraft Artillery, Artillería Antiaérea) y misiles tierra-aire SAM (por sus siglas en inglés, Surface to Air Missile, Misil Tierra Aire), que eran guiados por un formidable sistema de detección por radar, se suponía que la defensa aérea iraquí era una amenaza mucho más viable para la fuerza aérea de la Coalición que la fuerza aérea iraquí. Además, Irak también estaba salpicado de búnkeres y refugios bastante resistentes hechos de hormigón armado, que serían clave para resistir los bombardeos de la Coalición. La idea clave detrás de la estrategia de Irak era soportar los ataques aéreos hasta que el ejército iraquí pudiera infligir enormes bajas a las fuerzas terrestres invasoras.

Los MiG-21 y MiG-25 iraquíes abandonados en tierra (después de la guerra del Golfo). Fuente: https://commons.wikimedia.org

Algunos expertos militares argumentarían después de la guerra que Saddam habría estado en una posición mucho mejor si hubiera enviado sus aviones para atacar a las fuerzas de la Coalición mientras se estaban construyendo, utilizando la Fuerza Aérea Iraquí antes de que perdiera su superioridad aérea. Desde un punto de vista puramente militar, posiblemente esta habría sido una mejor solución. Sin embargo, la guerra del Golfo fue más que una simple situación de combate. Durante todo el período comprendido entre agosto y el 15 de enero, hubo una posible solución pacífica a la crisis del Golfo. Y a pesar de la forma en que los medios retrataron a Saddam, él no estaba totalmente desilusionado o ansioso por la guerra. Por lo tanto, durante todo ese período, el ejército iraquí permaneció en su lado de la frontera, salvo un incidente de un solo avión iraquí que ingresara al espacio aéreo saudí y que se fue antes de que el incidente pudiera escalar a algo más. Saddam y sus altos funcionarios del Baaz eran conscientes de que, si daban el primer golpe, perderían toda la credibilidad internacional y la posibilidad de lograr algo a través de negociaciones. Sin embargo, al mismo tiempo, no estaban dispuestos a dar marcha atrás y retirarse de la ocupación de Kuwait sin obtener algo tangible. Así, cuando llegó el 15 de enero, las tropas iraquíes aún mantenían sus posiciones. Con el vencimiento del plazo, las fuerzas de la Coalición estaban preparadas y plenamente autorizadas por la ONU para actuar.

El primer ataque de la Coalición se produjo el 17 de enero, alrededor de las 3 de la madrugada, hora local, transformando la operación defensiva original, cuyo nombre en código era "Escudo del Desierto", en una campaña ofensiva conocida como "Tormenta del Desierto". El primer ataque fue realizado al amparo de la noche por ocho helicópteros Apache AH-64, que a su vez fueron guiados por tres helicópteros MH-53 Pave Low. Volaron bajo, rápido y sin luces, atacando dos sistemas de radar de alerta temprana iraquíes cerca de la frontera entre Arabia Saudita e Irak. Destruyeron rápidamente estos radares con una potencia de fuego precisa, creando un corredor sin radar a través de las primeras líneas de las defensas aéreas iraquíes. El escuadrón de helicópteros, conocido como Task Force Normandy (Grupo de Tareas Normandía), recibió disparos, pero logró regresar a la base sin pérdidas. La misión fue un éxito, lo que permitió nuevos ataques de los aviones de la Coalición. Sin embargo, el ataque en sí se informó rápidamente al comando iraquí, lo que lo alarmó por el próximo ataque. En cuestión de minutos después del ataque inicial, el primero de los 700 aviones de la Coalición volaron hacia Irak. Los objetivos principales de los ataques aéreos preliminares fueron posiciones estratégicas conectadas con las defensas aéreas iraquíes, como estaciones de radar, aeródromos, el centro de defensa aérea de Nukhayb y otras instalaciones gubernamentales. La mayoría de los objetivos estaban en el sur de Irak, pero la primera noche, los F-117A Nighthawks (literalmente Halcones de la noche,), así como los misiles Tomahawk disparados desde los buques de la Armada de los Estados Unidos, también alcanzaron Bagdad.

Durante las primeras 24 horas, la fuerza aérea de la Coalición hizo apenas por debajo de 3.000 salidas. Entre ella también se encontraba uno de los bombardeos más largos de la historia, ya que siete B-52G volaron desde una base en Luisiana, ubicada en el continente de los EE. UU., y cruzaron la mitad del mundo para llegar a Irak. Allí, lanzaron misiles de crucero y regresaron a su base, recorriendo 14.000 millas (22.500 kilómetros) en unas 25 horas. Otros bombarderos B-52 fueron enviados desde el océano Índico, portando grandes bombas convencionales que mataban tanto con su explosión con una violenta onda de choque, ya que sus explosiones hicieron temblar el suelo como en un terremoto provocado por el hombre. Esto hizo que esas misiones de bombardeo recordaran las incursiones de la guerra de Vietnam, donde Estados Unidos había empleado tácticas similares. La Fuerza Aérea Iraquí permaneció casi inactiva, tal como lo planeaba Saddam, con solo un puñado de enfrentamientos directos con aviones de ataque. Por lo general, terminaron con los aviones iraquíes perdiendo los duelos. Por lo tanto, las fuerzas de la Coalición tomaron rápidamente el control del espacio aéreo, ya que las defensas aéreas iraquíes demostrarán ser inadecuadas para los aviones de la Coalición, tecnológicamente más avanzados. El 23 de enero, la Fuerza Aérea de los EE. UU. proclamaría que se había logrado la superioridad aérea general, aunque se parecía más un dominio total. En esos primeros seis días, se realizaron más de 12.000 salidas, y los generales estadounidenses afirmarían que solo 5 de los 66 aeródromos iraquíes seguían funcionando, mientras que se estimaba que el 95 por ciento del sistema de radar defensivo iraquí fue destruido. Por otro lado, las pérdidas de la Coalición fueron mínimas o casi inexistentes.

MiG-25 iraquí destruido en el búnker de un avión por una bomba estadounidense guiada por láser.

Fuente: https://commons.wikimedia.org

La inactividad de las fuerzas iraquíes en lo que respecta a la defensa aérea tomó por sorpresa a la mayoría de los generales de la Coalición. Esperaban una oposición mucho más feroz por parte del supuestamente cuarto ejército más fuerte del mundo. Sin embargo, la mayoría de los aviones iraquíes se mantuvieron en tierra. La única excepción notable fue un intento de ataque a la instalación de producción de petróleo Saudi Ras Tanura. El 24 de enero, la Fuerza Aérea Iraquí envió dos F1 Mirage, acompañados de dos MiG-23 en la única misión aérea ofensiva durante la guerra. Terminó en un fracaso, ya que los dos MiG abandonaron los cazabombarderos F1 al ver dos F-15 sauditas, que procedieron a derribar los únicos Mirage. Sin embargo, los iraquíes nunca planearon involucrarse en un enfrentamiento aéreo más serio, una decisión que podría evaluarse doblemente. Desde una perspectiva, fue un gran error, ya que dejó el espacio aéreo indiscutiblemente en manos de las fuerzas de la Coalición. Esta superioridad aérea resultaría ser un factor importante en los posteriores ataques de la Coalición. Al mismo tiempo, podría verse como una decisión conservadora para salvar la flotilla aérea iraquí. Los comandantes iraquíes eran conscientes de su insuficiencia para hacer frente a sus enemigos, que tenían ventajas tanto en número como en tecnología. En su lugar, el alto mando iraquí se volvió a los misiles Scud.

Al optar por utilizar solo misiles balísticos para las acciones ofensivas, el ejército iraquí pudo apuntar a objetivos bastante distantes sin sacrificar vidas. Además de eso, los Scuds tenían la posibilidad de dañar la moral de las tropas de la Coalición, de la misma forma que los cohetes alemanes V1 y V2 de la Segunda Guerra Mundial. Sin embargo, al igual que sus predecesores alemanes, los precisión y eficacia de los misiles Scud no eran conocidos. No obstante, después del disparo de las primeras armas balísticas iraquíes el 18 de enero, las llamadas "misiones de caza Scud" se convirtieron en una de las principales prioridades de la fuerza aérea de la Coalición. Muchos temían que Saddam ordenara el uso de ojivas químicas o biológicas, por lo que señalaron a los Scuds como uno de sus principales objetivos. Sin embargo, durante toda la guerra del Golfo, ninguno de los 88 misiles balísticos disparados por los iraquíes estaba armado nada más que con ojivas convencionales. A pesar de eso, los ataques de los Scud resultaron ser problemáticos para las fuerzas de la Coalición o, para ser más precisos, para Estados Unidos, que lideraba la acción militar conjunta. Casi la mitad de esos misiles fueron disparados hacia Israel, un país oficialmente neutral que no formaba parte de la Coalición. Fue otro intento más de involucrar a Israel en conflicto iraquí.

Edificio civil israelí alcanzado por un Scud iraquí (enero de 1991). Fuente: https://commons.wikimedia.org

Bombardeando ciudades como Tel Aviv y Haifa Saddam Hussein esperaba provocar que Israel tomara represalias. Es casi seguro que tal acción habría dividido a los aliados, ya que los estados árabes se habrían retirado de la Coalición, que luego perdería su integridad internacional y el territorio saudí como base. En el peor de los casos para Estados Unidos, el conflicto podría convertirse en otra guerra árabe-israelí. Para evitarlo, los estadounidenses instalaron sistemas Patriot SAM (Misiles Tierra Aire) que fueron modificados para interceptar a los Scuds iraquíes, ofreciendo protección a los israelíes. A pesar de eso, el sistema Patriot no era completamente a prueba, y muchos de los misiles iraquíes tenían sus ojivas intactas incluso después de haber sido alcanzados por proyectiles Patriot. Los Scuds no darían en sus objetivos, pero aun así explotarían y causarían daños. Así, EE. UU., como también sus aliados europeos, ofrecieron más de 1.100 millones de dólares como compensación por los daños y perjuicios causados por los Scuds. Su única condición era que Israel no respondiera contra Irak. Esa estipulación Los israelíes acetaron ese ofrecimiento. Al final de la guerra, 42 misiles habían alcanzado su territorio, matando a unos 70 civiles e hiriendo a unos 250 más, mientras que varios miles de casas y edificios resultaron dañados.

El resto de los Scuds iraquíes fueron disparados contra objetivos saudíes, tanto civiles como militares. Sin embargo, Arabia Saudita sufrió menos bajas civiles, probablemente porque sus ciudades eran más pequeñas y menos densas. Solo un civil saudí perdió la vida, mientras que otros 78 resultaron heridos. Las pérdidas militares fueron mucho mayores, ya que un misil Scud, que en realidad fue alcanzado por el sistema de defensa Patriot (Patriota), logró impactar en los cuarteles estadounidenses en el este de Arabia Saudita. Mató a 28 soldados e hirió a más de 100 más. Ese se convertiría en uno de los ataques más efectivos del ejército iraquí durante todo el transcurso de la guerra, al menos en términos de bajas y daños causados. Por todo eso, en la segunda semana de las operaciones aéreas, alrededor de un tercio de las salidas de la Coalición tenían como objetivo destruir los lanzadores de misiles Scud. Fue un esfuerzo que en su mayoría resultó ineficaz, ya que era difícil ubicarlos en los vastos desiertos iraquíes. Al mismo tiempo, las fuerzas aliadas creían que habían terminado con sus objetivos originales altamente estratégicos, como aeródromos, radares y depósitos de armas. Por lo tanto, sus misiones comenzaron a cambiar para atacar a las fuerzas terrestres iraquíes, sus comunicaciones y sus recursos. Entre ellos también se encontraban los llamados objetivos de "doble uso", como carreteras públicas, puentes, vías férreas, etc.

Desde un punto de vista militar, todos esos eran objetivos válidos, ya que proporcionaban a las tropas iraquíes los suministros y las líneas de comunicación tan necesarios. Sin embargo, dado que también eran utilizados por civiles o se encontraban en las proximidades de estructuras civiles, su bombardeo también amenazaba a la población no combatiente. Por supuesto, las bajas civiles eran algo que la opinión pública no toleraba, y las fuerzas de la Coalición se vieron rápidamente presionadas por el público. El presidente de los Estados Unidos, Bush padre, trató de calmar la reacción afirmando que el ejército de los Estados Unidos estaba haciendo todo lo posible para evitar y minimizar las bajas civiles. Además, culparía a sus oponentes por reubicar las instalaciones militares y estratégicas iraquíes, así como los centros de comando y comunicación, en vecindarios civiles. Esas acusaciones no eran infundadas, ya que Saddam se dio cuenta de que las pérdidas de no combatientes podrían mejorar su posición diplomática. Por eso, el 25 de enero, llamó a periodistas occidentales a Bagdad, permitiéndoles presenciar de primera mano los resultados de los supuestos bombardeos de precisión de la Coalición. La mayoría de ellos se sorprendieron al darse cuenta de que, a pesar de lo que el alto mando estadounidense estaba declarando en conferencias de prensa, la precisión de sus ataques no era la ideal. En primer lugar, solo alrededor del 10% del total de bombas lanzadas por las fuerzas de la Coalición fueron las llamadas bombas inteligentes. La gran mayoría eran bombas convencionales con precisión limitada, lo que dejaba suficiente margen para errores.

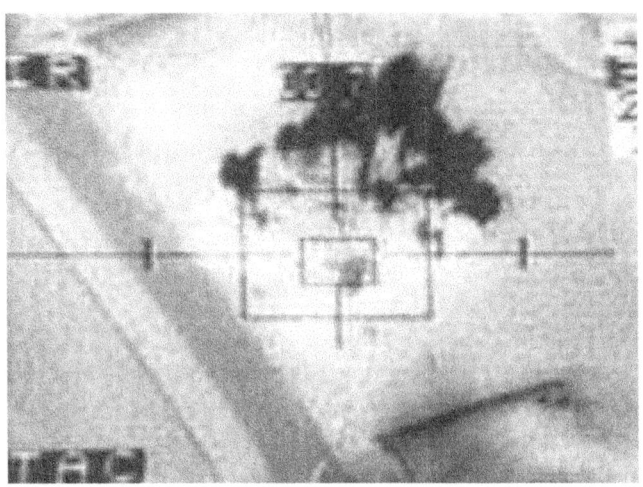

Una imagen fija de un video de una bomba inteligente guiada por láser.
Fuente: https://commons.wikimedia.org

Sin embargo, esto fue mucho menos sorprendente para los periodistas que el hecho de que incluso los misiles guiados con precisión estaban lejos de ser perfectos. Por ejemplo, en la ciudad de Diwaniya, una torre de telecomunicaciones de aproximadamente 150 pies (45 metros) de altura fue completamente ignorada por cuatro ataques aéreos diferentes, pero los hoteles y tiendas del mercado circundantes fueron alcanzados y gravemente dañados o destruidos. Además, vieron como casas privadas, escuelas e incluso hospitales eran alcanzados accidentalmente, causando docenas de víctimas civiles innecesarias. El problema no siempre sería la cuestión de la precisión de las bombas guiadas por láser, ya que a veces la información defectuosa recopilada por la vigilancia de la Coalición señalaba a las estructuras públicas no combatientes como objetivos viables. Un ejemplo de ello fue el bombardeo de un refugio civil en los suburbios de Bagdad. Se lo señaló incorrectamente como un centro de comando iraquí y posteriormente fue atacado. El resultado fue entre 500 y 1.000 civiles muertos. Entre las víctimas había unos 100 niños inocentes. Para empeorar la situación de las fuerzas de la Coalición, la estimación de los efectos de las incursiones aéreas en las dos primeras semanas de los bombardeos resultó ser exagerada. La reevaluación de los informes originales mostró que alrededor de dos tercios de los aeródromos iraquíes todavía estaban al menos algo operativos, mientras que las defensas iraquíes habían recuperado alrededor del 20% de las capacidades de sus radares. Esto probablemente se debió al hecho de que los bombardeos de la Coalición solo dañaron parte del equipo iraquí, dejándolo inhabilitado solo temporalmente.

Aparte de eso, el ejército iraquí logró preservar la mayoría de sus tanques, artillería antiaérea y lanzadores Scud, así como sus sistemas de comunicaciones móviles. Además, debido a la falta de defensa aérea activa, la Fuerza Aérea iraquí perdió menos de la mitad de su fuerza de combate. La mayoría de sus aviones fueron destruidos en tierra, pero más de 100 volaron a Irán, donde sorprendentemente encontraron refugio. Además de todo eso, la defensa aérea iraquí comenzó a derribar aviones de la Coalición, aunque no en un número significativo. Irak comenzó a mostrar signos de oponer una resistencia un poco más dura. Debido a eso, la fuerza aérea aliada demostraría ser menos eficiente de lo esperado. Al mismo tiempo, los ataques con Scud se intensificaron, causando aún más problemas para el comando de la Coalición, ya que tuvo que mantener los recursos asignados para encontrar y destruir misiles balísticos iraquíes, lo que redujo aún más la efectividad de la campaña de bombardeos. Por esa razón, los generales estadounidenses que lideraban la Operación Tormenta del Desierto se vieron obligados a prolongar la campaña de bombardeos aéreos por mucho más tiempo de lo que se esperaba inicialmente, lo que ralentizó el plan de cuatro etapas del ataque a Irak. Después de dos semanas de ataques aéreos, la Coalición seguía cumpliendo las dos primeras etapas. La primera era el bombardeo de objetivos estratégicos de comando y comunicación, y la otra atacar reservas estratégicas e interrumpir las comunicaciones entre el liderazgo iraquí en Bagdad y las tropas estacionadas en Kuwait.

Lo que sería aún más preocupante para los Estados Unidos sería el hecho de que el apoyo casi universal a la misión de la Coalición fue disminuyendo lentamente a partir de fines de enero. La Unión Soviética comenzó a expresar su preocupación de que las tácticas de bombardeo empleadas conducirían a la destrucción de toda la infraestructura iraquí, paralizando al país durante un período prolongado. El mismo Gorbachov también estaba preocupado de que la guerra del Golfo pudiera expandirse y causar conflictos aún mayores. Otras naciones comenzaron a expresar su desacuerdo con la dirección que estaba tomando la Coalición, así como con la conducción de la guerra, especialmente en lo que respecta a las bajas civiles. Entre ellos se encontraban incluso los miembros de la misma Coalición. El ministro de defensa francés afirmaría que su objetivo final no era solo expulsar a las tropas iraquíes de Kuwait, sino también derrocar al régimen Baaz. Debido a sus desacuerdos con la participación de Francia en la guerra, incluso renunció a su cargo a fines de enero. Llegando a una conclusión similar, el presidente egipcio Mubarak y el rey saudí Fahd bin Abdulaziz declararon que sus tropas no lucharían en suelo iraquí, limitando sus acciones solo al territorio kuwaití. Peor aún, un general paquistaní que fue designado para el grupo de trabajo de la Coalición acusó a Occidente, principalmente a Estados Unidos, de que toda la guerra fue una conspiración para debilitar al mundo musulmán al destruir el poder iraquí.

También estaban surgiendo sentimientos similares entre la población común. La protesta contra la guerra comenzó a extenderse por todo el mundo. Las más masivas se llevaron a cabo en países musulmanes más simpatizantes de la causa iraquí, como Argelia, Marruecos y Sudán, donde el número de manifestantes llegaría a 300.000 a 400.000. En una escala mucho menor, las protestas y huelgas también se extendieron entre los aliados de Estados Unidos y los miembros de la Coalición, incluidos Francia, Italia, España, Turquía y Alemania. Los mítines contra la guerra se extendieron hasta Australia y Japón. Algunas de estas protestas fueron violentas, con fuegos encendidos frente a las embajadas de Estados Unidos y bloqueando las bases militares estadounidenses. Los mítines contra la guerra también aparecieron en los EE. UU., más notablemente en Washington DC, aunque representaban solo una clara minoría del público estadounidense. Allí el apoyo a la guerra era innegablemente todavía alto. Sin embargo, esto hizo que el presidente Bush padre y su administración se dieran cuenta de que una guerra prolongada no era una opción. Estados Unidos perdería rápidamente el apoyo del mundo, convirtiendo a los soldados estadounidenses una vez más en villanos. Por lo tanto, la Coalición siguió adelante con los bombardeos, comenzando la fase tres del plan, que estaba presionando a las tropas iraquíes a nivel táctico. Fue la preparación para la etapa final de la guerra, una invasión terrestre tanto en Kuwait como en Irak.

*Protesta contra la guerra en Nueva Orleans (EE. UU.) En enero de 1991.
Fuente: https://commons.wikimedia.org*

Mientras las bombas continuaban cayendo sobre Irak, el régimen de Baaz comenzó a reconsiderar los beneficios de la guerra. Para Saddam y sus altos funcionarios se estaba volviendo claro que la guerra del Golfo traería más destrucción de la anticipada. Al mismo tiempo, la idea de la "madre de todas las batallas", como la llamaría Saddam, resultó ser una ilusión. La posibilidad de que las tropas iraquíes lucharan contra la inevitable invasión terrestre era casi nula, mientras que el bombardeo aéreo comenzaba a pasar factura. Las pérdidas de la Coalición fueron mínimas, mientras que los ataques Scud demostraron ser más una molestia que una amenaza viable. Afortunadamente para el régimen de Baaz, aunque los soviéticos no eran sus aliados en esta guerra, todavía buscaban proteger su influencia sobre el país. Por lo tanto, a principios de febrero, funcionarios soviéticos y turcos en una declaración conjunta, pidieron el fin de la devastación de Irak. Al mismo tiempo, los diplomáticos iraquíes comenzaron a mostrar interés en las negociaciones y la paz. Esto llevó al presidente Gorbachov a enviar el 12 de febrero a un enviado a Bagdad para persuadir al gobierno de Baaz de que era posible una resolución diplomática si aceptaba los requisitos establecidos por las resoluciones de la ONU. Los soviéticos esperaban evitar una guerra terrestre, que no solo sería costosa por la cantidad de vidas perdidas, sino que también podría significar la caída del actual régimen iraquí.

La desmoronada Unión Soviética, como muchas otras naciones, sospechaba que el objetivo final de la Coalición liderada por Estados Unidos era derrocar al régimen Baaz, reemplazándolo por un gobierno más prooccidental. Parecería que los soviéticos lograron convencer a los líderes iraquíes durante sus contactos a principios de febrero. Como resultado, el régimen de Saddam declaró el 15 de febrero que estaba abierto a encontrar una resolución pacífica del conflicto. Sin embargo, Estados Unidos solo aceptaba una retirada inmediata e incondicional de las tropas iraquíes de Kuwait. La URSS se convirtió instantáneamente en un intermediario entre Estados Unidos e Irak, ya que no fue posible una conversación directa entre los dos países. A mediados de febrero, pareció que era posible una solución sin una guerra terrestre. A pesar de eso, la fuerza aérea de la Coalición continuó bombardeando posiciones iraquíes, causando más daños tanto a objetivos militares como civiles. No solo eso, sino que estaba empezando a intensificar las redadas, combinándolas con escaramuzas de prueba con el ejército iraquí en el terreno. Sin duda, la invasión terrestre se acercaba.

Capítulo 6 - Las Primeras Batallas en el Desierto

La destrucción y las bajas causadas por los atentados de la Coalición serían suficientes para convencer a los líderes iraquíes de buscar una solución pacífica a la crisis actual. Todo el mundo tenía claro que el ejército iraquí, a pesar de la jactancia y la propaganda de ambos lados, no podía competir con la fuerza de la Coalición dirigida por Estados Unidos. Sin embargo, no importa cuán devastadora resultara la campaña aérea, Saddam y el régimen de Baaz no estaban dispuestos a aceptar una rendición incondicional. Para lograr ese objetivo, Estados Unidos tuvo que flexionar aún más sus músculos militares y golpear a los iraquíes en tierra.

Sin embargo, en un giro de los acontecimientos bastante sorprendente, en realidad fueron los iraquíes los primeros en participar en el combate terrestre. Durante los últimos días de enero, mientras el bombardeo de la Coalición alcanzaba su punto máximo, Saddam y sus asesores militares comenzaron a idear un plan de ataque en territorio saudí. Se dieron cuenta de que este bombardeo prolongado solo empeoraría sus posiciones militares, ya que la defensa aérea iraquí no era capaz de causar suficientes bajas a las fuerzas estadounidenses para convertir la guerra del Golfo en un nuevo Vietnam. Por lo tanto, optaron por atacar la pequeña ciudad saudita de Khafji, situada a unas doce millas (veinte kilómetros) al sureste de la frontera entre Kuwait y Arabia Saudita, a orillas del golfo Pérsico. Por su cercanía, estaba al alcance de la artillería iraquí; por lo tanto, su población, en ese momento aproximadamente 15.000 personas, fue evacuada cuando comenzó la guerra. Los generales iraquíes probablemente estaban al tanto de ese hecho. Para ellos, era un objetivo bastante adecuado sin posibles bajas civiles que vilipendiaría aún más a los iraquíes a los ojos del mundo. La posición estratégica de Khafji también lo convirtió en un objetivo atractivo. La ciudad estaba ubicada en el único cruce de la carretera costera que une Arabia Saudita con Kuwait al norte y Baréin, Qatar, los Emiratos Árabes Unidos y Omán al sur. Aún más importante era el cercano campo petrolero de Wafra, que fuera explotado conjuntamente por los kuwaitíes y los saudíes. Otro factor hizo de Khafji una presa viable para los generales iraquíes. Estaba defendido principalmente por tropas saudíes y de Qatar, que sin duda eran un oponente mucho más deseable para los soldados iraquíes que las fuerzas estadounidenses.

Después de varios días de preparación, se fijó el plan. El ejército iraquí debía atacar por tierra con divisiones mecanizadas y blindadas, separadas en tres columnas, mientras contara con la ayuda de fuerzas especiales que atacaran por mar. El ataque se produjo la noche del 29 de enero, alrededor de las 8 de la noche hora local. El comando de la Coalición se sorprendió por esta audaz acción, a pesar de que sus equipos de reconocimiento informaron de la posibilidad de un movimiento iraquí. La primera en atacar fue la columna más occidental, que se encontró con las tropas estadounidenses ligeramente armadas. Este asalto fue rechazado solo cuando la fuerza aérea de la Coalición, sobre todo el avión A-10 Tank Killer (Asesino de Tanques) y las cañoneras AC-130, entraron en apoyo. Un escenario similar se desarrolló también en la columna central, donde, una vez más, el apoyo aéreo defendió a los soldados estadounidenses ligeramente armados. Sin embargo, la columna más oriental, que viajaba junto a la costa, resultó ser la más decidida. Después de soportar el bombardeo de la fuerza aérea de la Coalición, logró ingresar a la ciudad poco después de la medianoche, cuando se ordenó a los defensores saudíes que se retiraran. El ejército iraquí había cumplido con su objetivo inicial, esencialmente logrando la victoria en las etapas iniciales de la batalla.

Sin embargo, fue una victoria pírrica. Las tropas iraquíes sufrieron grandes pérdidas, especialmente en el número de vehículos perdidos. La más afectada fue la fuerza naval iraquí. La cuarta columna, el ataque del comando desde el mar, fue rápidamente detectada por los barcos de la Coalición. Las pequeñas lanchas rápidas iraquíes no eran rival para las fragatas y cruceros superiores de la Coalición. Algunos se hundieron, mientras que otros comenzaron a huir. Durante los siguientes días, los barcos y aviones de la Coalición, liderados por la marina británica, continuaron cazando patrulleras iraquíes y barcos más pequeños. Algunos intentaron escapar hacia los iraníes, pero solo uno logró hacerlo. El 2 de febrero, la Armada iraquí dejó de existir como fuerza de combate, ya que fue casi completamente destruida. Aparte de las grandes pérdidas, este conflicto inicial también mostraría dos aspectos de la guerra que se convertirían en temas subyacentes en todos los conflictos terrestres futuros entre la Coalición y las fuerzas iraquíes. Una fue que la superioridad aérea era un factor crucial para que la Coalición lograra sus victorias terrestres. La segunda era que el fuego amigo era una amenaza tanto para los soldados de la Coalición como para los iraquíes. El ejército estadounidense perdió once hombres y dos vehículos blindados debido a errores de identificación y falta de comunicación.

*Un LAV-AT estadounidense destruido por fuego amigo en la batalla de Khafji.
Fuente: https://commons.wikimedia.org*

Independientemente, los iraquíes estaban ocupando la ciudad desde las primeras horas del 30 de enero. Al día siguiente, comenzaría el esfuerzo por recuperar Khafji. El ataque fue encabezado por las tropas sauditas, que fueron ayudadas por una división de tanques de Qatar. Las fuerzas estadounidenses proporcionaron artillería y apoyo aéreo. Sin embargo, durante el primer día, los iraquíes lograron mantener sus posiciones, pero una vez más se vieron afectados por un gran número de bajas debido a los ataques aéreos. Los bombarderos de la Coalición no solo apuntaban a las tropas iraquíes en la ciudad, sino también a todas las unidades avistadas cerca de la frontera entre Kuwait y Arabia Saudita. El plan era evitar que los refuerzos y suministros llegaran a las tropas en Khafji. Gracias a su superioridad total aérea, esta tarea se cumplió, y al día siguiente, las fuerzas saudíes renovarían sus ataques. El segundo ataque fue más exitoso, consiguiendo destruir y capturar partes de las tropas ocupantes iraquíes, que al final del día terminaron rodeadas. Para entonces, la moral de los soldados iraquíes había caído. Cuando el 1 de febrero se reanudó el ataque de la Coalición, la mayoría se rindieron sin luchar. Después de solo dos días de ocupación iraquí, Khafji estaba nuevamente bajo control saudí.

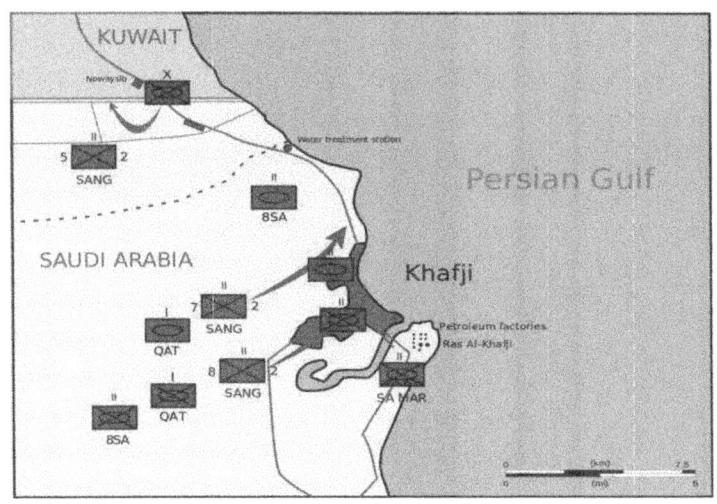
Batalla de Khafji. Fuente: https://commons.wikimedia.org

El resultado de la batalla de Khafji fue una clara victoria militar para la Coalición. En el transcurso de solo cuatro días, cientos de iraquíes fueron asesinados o capturados, la Armada iraquí fue básicamente destruida y el ejército iraquí perdió cientos de tanques y vehículos blindados. La mayoría de estas pérdidas fueron causadas por aviones enemigos, que dañaron gravemente la moral de los iraquíes. Un soldado iraquí capturado dijo que la fuerza aérea de la Coalición causó más daños a su unidad en media hora que los iraníes durante los ocho años de guerra Irán-Irak. Los comandantes iraquíes en el terreno compartían el sentimiento, ya que uno de los generales comentó que "la madre estaba matando a sus hijos", aludiendo a la frase "madre de todas las batallas" de Saddam. En contraste con esas grandes pérdidas, las bajas combinadas de los EE. UU. y los saudíes fueron alrededor de 100 hombres heridos y muertos, con solo un puñado de vehículos perdidos. Más importante para ellos, el plan iraquí fracasó, ya que no lograron atraerlos a más combates terrestres. Sin embargo, la dura realidad no impidió que Saddam proclamara la victoria en esa escaramuza. Usó esa noción tanto en su propaganda nacional como internacional, tratando de ganar tantos políticos y elevar la moral de sus soldados.

El éxito de la propaganda Baaz con respecto a la batalla de Khafji fue, en el mejor de los casos, limitado. A nivel internacional, solo unos pocos países árabes dieron la bienvenida al enfrentamiento como una victoria iraquí, mientras que la mayor parte del mundo no vio en él nada bueno. Lo que es más preocupante, el alcance doméstico del giro de la historia de Khafji solo tuvo un éxito marginal. Con bombardeos diarios y fuertes pérdidas militares, los ciudadanos de Irak no estaban convencidos de que la guerra estuviera a su favor. Incluso los soldados iraquíes parecían menos confiados, mientras que el alto mando iraquí comenzaba a tener dudas. Así, cuando en los días siguientes el bombardeo de la Coalición continuó haciendo temblar el suelo iraquí, la dirección del Baaz se estaba volviendo más abierta a las negociaciones. Por lo tanto, cuando los soviéticos mandaran a su enviado a Bagdad el 12 de febrero, el régimen de Saddam estaba listo para comprometerse por la paz. Solo tres días después, los líderes iraquíes hicieron una oferta. Si las fuerzas estadounidenses y occidentales se retiraban de la región, Irak estaría dispuesto a aceptar la Resolución 660 de la ONU, que exigía la retirada inmediata e incondicional de Irak, mientras que el futuro del país lo decidirían las naciones árabes, incluido Kuwait. Otra condición era que las tropas israelíes se retiraran de las tierras árabes. El presidente Bush padre rechazó la oferta como un engaño y un intento de dividir a los aliados de la Coalición. Independientemente, los soviéticos lo vieron como una oferta inicial, algo que debía explorarse con la esperanza de lograr una solución más pacífica.

En los días siguientes, tanto el presidente Gorbachov como Tariq Aziz, el ministro iraquí de Asuntos Exteriores, presentaron sus propuestas de paz. De naturaleza bastante similar, ambas ideas giraban en torno a lograr el alto el fuego y la retirada de las tropas iraquíes de Kuwait, sin dejar de vincular la paz con el conflicto árabe-israelí. Para los Estados Unidos, así como para los líderes de la Coalición Árabe, esta era inaceptable. La retirada iraquí tenía que ser incondicional. Además, Bush padre y su gabinete sintieron que permitir que los iraquíes simplemente se retiraran dejaría la resolución del conflicto bastante confusa y ambigua. De acuerdo con su punto de vista, eso dejaría suficiente espacio para que Saddam explotara políticamente el resultado de la guerra. Para algunos miembros del gabinete de Bush, el único final exitoso de la Tormenta del Desierto era que Irak sufriera una derrota militar indiscutible y fuera sancionado por su agresión. Por esa razón, algunos miembros más agresivos del gobierno de Estados Unidos esperaban que Irak no cediera solo con el bombardeo. Querían que la guerra se extendiera por tierra. Y mientras Estados Unidos se mantenía firme en su posición no negociable, los soviéticos hablaban con los representantes iraquíes para tratar de encontrar un compromiso, con la esperanza de evitar que el conflicto se amplíe aún más.

El 21 de febrero, Gorbachov, respaldado por Tarek Aziz, propuso un nuevo plan. Pidió la retirada incondicional de las tropas iraquíes, de conformidad con la Resolución 660, seguida del alto el fuego y el levantamiento de todas las sanciones cuando dos tercios de los soldados iraquíes hubieran abandonado Kuwait. La guerra terminaría con la anulación de todas las resoluciones de la ONU cuando se completara la retirada. Sin embargo, a diferencia de las ofertas diplomáticas, el comportamiento de Iraq sobre el terreno habla de manera diferente. Saddam estaba dando discursos belicistas, mientras los soldados comenzaban a quemar los campos petrolíferos de Kuwait y supuestamente a matar a civiles kuwaitíes. Por tanto, el último plan soviético fue nuevamente rechazado por la administración Bush, que al día siguiente lanzó su propio ultimátum. Irak tenía 24 horas, hasta el 23 de febrero a las 17:00, GMT, para comenzar su retirada de Kuwait, que debía finalizar en siete días. Además, Iraq debía devolver el control total del territorio al gobierno de Kuwait, liberar a todos los prisioneros y ceder el control militar sobre el aire y tierra de Kuwait a la Coalición. A cambio, la Coalición no dispararía contra las fuerzas iraquíes en retirada. Este ultimátum solo aceleraría los intentos de la Unión Soviética de evitar una guerra terrestre.

Una imagen de los campos petrolíferos de Kuwait en llamas (marzo de 1991). Fuente: htttps://commons.wikimedia.org

En cuestión de horas, Gorbachov presentó un nuevo plan. La retirada iraquí comenzaría un día después del acuerdo de alto el fuego y se completaría en tres semanas. Las resoluciones de la ONU serían anuladas después de que ocurriera la retirada. Temprano el 23 de febrero, Tariq Aziz aceptó abiertamente este plan. Sin embargo, Bush padre se mantuvo firme. El ejército iraquí iba a comenzar a retirarse de Kuwait en cuestión de horas. El presidente soviético intentó convencer a su colega estadounidense por medio de una llamada telefónica para retrasar el plazo por otras 24 horas, ya que solo faltaba un día para llegar a un compromiso aceptable. Estos esfuerzos fueron inútiles. El presidente Bush no se movió y contó con el apoyo de otros miembros importantes de la Coalición. Esto dejó las relaciones entre Estados Unidos y la URSS algo tensas, ya que Gorbachov afirmó que los estadounidenses estaban más interesados en una solución armada que en una solución diplomática pacífica, una observación no muy lejos de la verdad. Al final, los líderes iraquíes no cumplieron el ultimátum de Estados Unidos y la Coalición no les dio más tiempo para reconsiderarla. Así, el 23 de febrero, a las 18:00 horas. GMT, el presidente Bush dio luz verde al inicio de las operaciones terrestres en Irak. Esta operación militar se denominó en código "Sable del Desierto".

En los días previos a la ofensiva terrestre completa de la Coalición, mientras los diplomáticos y los políticos conversaban y negociaban, ambos ejércitos se preparaban para el inevitable enfrentamiento. Las fuerzas de la Coalición continuaron bombardeando las posiciones iraquíes, ablandando sus defensas, derribando su equipo y bajando la moral de los soldados iraquíes. Además, las tropas terrestres de la Coalición comenzaron a escaramuzas con los soldados iraquíes, impidiendo que sus equipos de reconocimiento observaran las posiciones de la Coalición. Esto solo se ampliaría entre el 15 y el 20 de febrero, cuando varias unidades estadounidenses atacaron las posiciones iraquíes a lo largo de la frontera entre Irak y Kuwait. Sin embargo, estos ataques fueron operaciones de finta limitadas que fueron diseñadas para hacer pensar a los iraquíes que la principal invasión de la Coalición se llevaría a cabo cerca de la triple frontera entre Irak, Kuwait y Arabia Saudita. Ayudaría a la estratagema el hecho de que era una ruta de invasión natural. Así, luego de limitados enfrentamientos, las tropas estadounidenses volvieron a sus posiciones originales, mientras que el ejército iraquí se centró en defender ese sector del frente. El objetivo era atraer a las fuerzas iraquíes de las partes occidentales del frente, donde el VII Cuerpo de Ejército de los Estados Unidos lideraría el ataque principal de la Coalición. Estas incursiones advirtieron al alto mando iraquí de la inminencia de un ataque. Así, empezaron a preparar sus defensas.

Aparte de las tácticas convencionales, como colocar minas y fortalecer sus posiciones, los generales del Baaz también decidieron utilizar los campos petrolíferos de Kuwait como parte de sus defensas naturales. Comenzaron a derramar el petróleo, quemándolo en un intento de crear grandes lagos de fuego y espesas nubes de humo para impedir el avance de la Coalición obligándolos a entrar en "zonas de muerte" predeterminadas creadas por estos obstáculos. Incluso si los incendios se apagaran, los residuos de petróleo, mezclados con alquitrán y arena, dejarían una capa del llamado "alquitrán," que atascaría las vías de tanques de la Coalición. Sin embargo, cabe señalar que no todos los cientos de campos petrolíferos kuwaitíes en llamas deben atribuirse a los iraquíes. Unos cincuenta de ellos fueron incendiados por los bombardeos de la Coalición, que ya tenían como objetivo unidades iraquíes cercanas, antes de mediados de febrero de 1991. Los iraquíes también arrojaron grandes cantidades de petróleo crudo frente a las costas de Kuwait en el golfo Pérsico. Esperaban que causase problemas para el esperado asalto naval de la Coalición. Estas tácticas fueron muy controvertidas en todo el mundo, ya que muchos las vieron más como una catástrofe ecológica intencional más que como una estrategia militar viable. Desde la perspectiva iraquí, esta táctica tenía sentido porque también estaba dañando la industria petrolera de Kuwait, que era una de las razones por las que incluso comenzara la guerra. Independientemente del daño ecológico y de infraestructura, el ejército iraquí estaba esperando el inminente ataque de las fuerzas de la Coalición, que finalmente llegó a las 4:00 de la madrugada hora local del 24 de febrero.

El plan general del ataque era bastante simple. El flanco oriental, formado por tropas saudíes, egipcias, sirias y otras tropas árabes, con la ayuda de la 1ª Fuerza Expedicionaria de la Marina de los Estados Unidos, debía avanzar hacia el norte directamente hacia Kuwait. Estaban bajo el mando del príncipe saudí Khalid bin Sultan. La razón por la que a las fuerzas árabes se les asignó la tarea de liberar Kuwait fue que se negaron a luchar en territorio iraquí, limitando el alcance de sus acciones solo hasta la frontera entre Kuwait e Irak. El ataque principal en el centro del frente fue dado al VII Cuerpo de Ejército de los Estados Unidos, bajo el mando del Teniente General Fred Franks hijo, ayudado por tropas británicas. Su objetivo era flanquear a las fuerzas iraquíes en Kuwait y rodearlas. Se esperaba que las unidades que atacaran este sector encontrarían la resistencia más feroz, ya que la mayoría de la infame Guardia Republicana se encontraba en su camino. El flanco occidental se dejó al XVIII

Cuerpo Aerotransportado de Estados Unidos, ayudado por las tropas francesas. Comandado por el teniente general Gary Luck, tenía la tarea de bloquear posibles refuerzos que el ejército iraquí enviara al sur y tendría que hacerlos retroceder lo más profundo hacia territorio enemigo. El éxito del plan, que se atribuye al general estadounidense Schwarzkopf, dependía de la velocidad. Las fuerzas de la Coalición tuvieron que moverse rápida e implacablemente para evitar empantanarse en combates prolongados, lo que podría provocar más bajas de las necesarias.

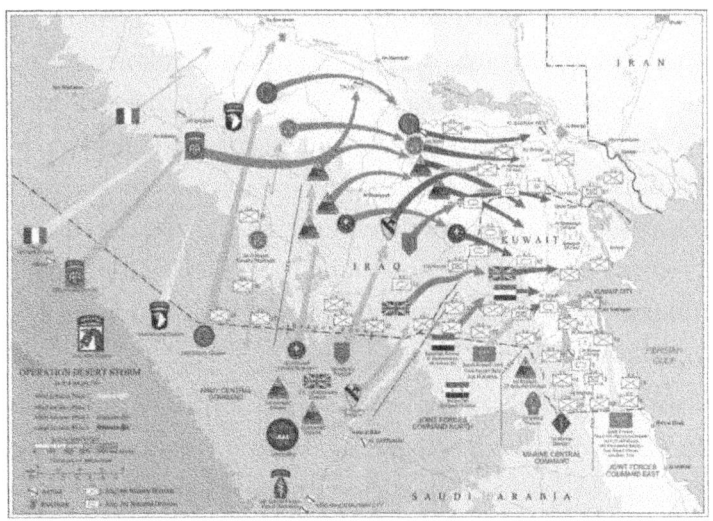

Planificación y ejecución de la Operación Tormenta del Desierto. Fuente: https://commons.wikimedia.org

La implementación del plan de Schwarzkopf fue más que rápida. En el flanco oriental, las fuerzas árabes y estadounidenses se trasladaron a Kuwait, y se encontraron primero con las unidades iraquíes que atacaron Khafji. Inesperadamente, estas tropas mostrarían poca resistencia. Parecía que su moral de batalla se había disipado durante las semanas de fuertes bombardeos, combinado por el hecho de que la mayoría de los soldados se sentían abandonados por Bagdad. Dos oficiales iraquíes capturados incluso declararon que se quedaron sin órdenes durante unas dos semanas. El grado de lo bajo que estaba la moral iraquí se puede ilustrar con la evaluación estadounidense de que unos 150.000 soldados desertaron incluso antes de que comenzaran las principales operaciones terrestres. Debido a eso, el avance de la Coalición en Kuwait resultó ser rápida y en su mayoría indolora, ya que la mayoría de los iraquíes simplemente se rindieron a la primera vista de las tropas que avanzaban. El hecho de que en su mayoría se encontraran con camaradas árabes en el otro lado posiblemente facilitara su decisión de rendirse. Y a medida que las tropas árabes estadounidenses avanzaban por el frente oriental, empezaron a formar el yunque para el martillo del VII Cuerpo de Ejército, que atravesaba el centro del campo de batalla. Los principales ataques en esa parte del campo de batalla fueron precedidos por breves bombardeos de artillería, en los que se dispararon más de 10.000 obuses para golpear las defensas iraquíes.

El avance en el centro de este frente fue encabezado por la famosa 1ª División de Infantería de Estados Unidos, el "Gran Uno Rojo", que acabó con la división iraquí que se le oponía. En el flanco occidental del "Gran Uno Rojo", las divisiones blindadas y de caballería avanzaban, girando hacia el centro. Aquellas iban a unirse a la 1ª División de Infantería en su objetivo principal, cazar a la Guardia Republicana que estaba estacionada en la parte trasera de las líneas de defensa iraquíes como reserva estratégica. En el flanco este del frente central, la 1ª División Blindada británica, conocida como las "Ratas del Desierto", atravesó la brecha creada por la División el Gran Uno Rojo. Corría hacia Kuwait para proteger el empuje del VII Cuerpo de Ejército hacia la Guardia Republicana. Los comandantes iraquíes fueron tomados por sorpresa por las acciones generales del VII Cuerpo de Ejército. En primer lugar, esperaban que el ataque principal ocurriera en el flanco occidental, donde la división de blindados y caballería entró en masa. Además, supusieron que su objetivo principal era avanzar hacia Kuwait de inmediato en lugar de adentrarse más en territorio iraquí para enfrentar a la Guardia Republicana. Cuando se dieron cuenta de la intención principal del ataque de la Coalición, la Guardia comenzó a reposicionarse. Entre esas unidades estaban tres divisiones de élite, la Medina, la Hammurabi y la Tawakalna. Su principal objetivo era evitar que el VII Cuerpo de Ejército abriera una brecha en las posiciones de retaguardia iraquíes.

En el sector occidental, el XVIII Cuerpo Aerotransportado resultó ser el más exitoso. En el centro, la 101 División Aerotransportada de Estados Unidos avanzó unos 150 kilómetros (93 millas) dentro del territorio iraquí con un puente aéreo masivo que involucró a 400 helicópteros. Allí, establecieron una base de operaciones avanzada llamada Cobra. Desde allí, avanzaron 60 millas (96 kilómetros) más al norte hacia el río Éufrates. Allí, cortó la autopista 8, la carretera principal que conecta el centro y el sur de Irak. En su flanco occidental estaba la 6.ª División Blindada Ligera francesa, que fue ayudada por la 82a División Aerotransportada de EE. UU. Corrieron por el desierto para tomar la Base Aérea Al-Salman y proteger el flanco izquierdo de la 101 División Aerotransportada. En el flanco derecho, la 24.a División de Infantería Mecanizada de EE. UU., reforzada por el 3er Regimiento de Caballería Blindada de EE. UU., avanzó hacia el norte para reunirse con la 101 en el área de la base Cobra antes de girar hacia el este para ayudar al VII Cuerpo de Ejército en su ataque a la Guardia Republicana. El XVIII logró cumplir sus objetivos iniciales antes de tiempo, lo que llevó al general Schwarzkopf a acelerar las operaciones generales unas horas antes de lo previsto. La inesperada rapidez del avance de la Coalición se logró principalmente debido a la falta de moral iraquí. Además de eso, los aliados tenían una clara ventaja tecnológica, ya que los tanques iraquíes no eran rival para los británicos y estadounidenses, mientras que el apoyo aéreo debilitaría aún más las posiciones iraquíes.

El mismo Saddam Hussein obstaculizaría aún más la resistencia iraquí. Estaba más preocupado por preservar su régimen que por mantener sus posiciones en el sur. Debido a eso, el líder iraquí retuvo algunas de las unidades más importantes y no estaba dispuesto a arriesgarse a perder a su Guardia Republicana de mayor confianza. Además, si alguna vez hubo un momento en que las tropas iraquíes necesitaron al menos algo de apoyo aéreo, fue en el momento de este ataque de la Coalición. Desafortunadamente para ellos, Saddam mantuvo la mayoría de los aviones en tierra. Con tales órdenes, los generales iraquíes no pudieron montar un intento de defensa más serio, mientras que las tropas sobre el terreno se sentían como si estuvieran siendo sacrificadas. Peor aún, Saddam quería retirar tantos soldados como fuera posible al norte en un intento de reforzar sus propias posiciones. Aun así, con la autopista 8 cortada, esta no era una opción viable. Sin embargo, cuando las fuerzas de la Coalición atravesaron el sur de Irak durante el 25 de febrero, las cosas comenzaron a cambiar ligeramente. Las primeras unidades iraquíes comenzaron a retirarse de Kuwait esa noche, mientras que, simultáneamente, las tropas en el frente central comenzaron a mostrar una oposición ligeramente más dura. No obstante, el futuro de las tropas iraquíes parecía sombrío. Al final de ese día, la Coalición básicamente había aislado al ejército iraquí en Kuwait y la región de Basora en norte de Irak.

Haber logrado en tan poco tiempo, en tan solo dos días, las fuerzas aliadas exceder las metas que les había dado el alto mando. La velocidad con la que atravesaron las defensas iniciales del ejército iraquí sorprendió incluso a los oficiales de mayor rango de la Coalición y mucho menos el resto del mundo.

Al ser testigo de cuánto la Coalición dominaba en contraste con el ejército iraquí, quedó claro que Saddam carecía del poder para resistir el ataque de la Coalición. Sin embargo, eso no significaría que los iraquíes cayeran sin luchar, al menos en lo que respecta a la siempre leal Guardia Republicana.

Capítulo 7 - Derrota Iraquí y Secuelas de la Guerra

Después de aproximadamente 48 horas, las fuerzas de la Coalición lograron penetrar profundamente en territorio iraquí, casi sin problemas. Usando su tecnología superior y apoyo aéreo, las unidades aliadas lograron romper el poco espíritu de lucha que le quedaba al ejército iraquí después de semanas de intensos bombardeos. La mayoría de las tropas regulares comenzaron a amontonarse alrededor de Basora, esperando un milagro, ya que el refuerzo del norte claramente no llegaría. Estaba claro que la liberación de Kuwait estaba al alcance, dejando solo el objetivo secundario de las tropas de la Coalición por alcanzar. Ese era destruir a los leales guardias de élite de Saddam.

Un T-62 iraquí (izquierda) destruido y la artillería estadounidense disparando contra las posiciones iraquíes (derecha) - febrero de 1991. Fuente: https://commons.wikimedia.org

A primera hora de la mañana del 26 de febrero, el VII Cuerpo de Ejército de los EE. UU. finalmente alcanzaría a la Guardia Republicana. La primera unidad que encontraron fue la División Tawakalna en una batalla de tanques que duraría gran parte del día. Los iraquíes se atrincheraron, proporcionando una resistencia mucho más dura que cualquier enemigo anterior que hubiera encontrado el VII Cuerpo de Ejército. La Tawakalna demostró su estatus de élite, al menos en comparación con otras divisiones iraquíes. Aguantaría gran parte del día, si bien ayudado por la mala visibilidad debido a las condiciones climáticas. Al final, incluso la Guardia Republicana resultó no ser rival para las fuerzas estadounidenses y británicas. Sus T-72 fueron superados en armas en tierra y por la fuerza aérea de la Coalición, que comenzó a eliminarlos tan pronto como el clima comenzó a mejorar. Al final del 26, la División Tawakalna se rompió y comenzó a retirarse. La División de Medina, otra unidad de élite de la Guardia, ayudada por una división regular del ejército iraquí, trató de cubrir su retirada, sin éxito. El ataque aéreo acabó con la mayor parte de lo que quedaba de la Tawakalna. Sin embargo, partes de la división de élite iraquí sobrevivieron para luchar otro día, a pesar de que sus capacidades se redujeran significativamente.

Durante el mismo día en que la División Tawakalna sufría la derrota, las fuerzas iraquíes más al sur en Kuwait comenzaron a prepararse para la evacuación. Las tropas árabes y estadounidenses llegaron a la ciudad durante el día, mientras los iraquíes comenzaban a huir. Sin embargo, los restos de la 3ª División Blindada iraquí, que eran veteranos tanto de la guerra Irán-Irak como de la guerra árabe-israelí de Yom Kipur de 1973, decidieron mantener su posición. Parece que decidieron oponer una dura resistencia con la esperanza de ganar algo de tiempo para que sus camaradas pudieran huir. Sus esfuerzos resultaron inútiles en más de un sentido. Los iraquíes intentaron atrincherarse, confiando en lo que quedaba de sus tanques y APC (vehículos blindados de transporte de personal), pero una vez más, demostraron ser una combinación inadecuada para el equipo más moderno anunciado por las tropas estadounidenses que encabezaban el ataque. Independientemente, los veteranos iraquíes mostrarían una fuerte resistencia, ya que finalmente fueron derrotados recién durante el día siguiente, haciendo su última resistencia cerca del Aeropuerto Internacional de Kuwait. Con eso, técnicamente se terminó la liberación de Kuwait y se logró el objetivo principal de la Coalición. Sin embargo, este logro se vio afectado en gran medida por los acontecimientos que ocurrieron principalmente durante la noche entre el 26 y el 27 de febrero. Mientras los veteranos de la 3ª División Blindada iraquí luchaban tenazmente en la ciudad para proporcionar al menos algo de tiempo para las otras tropas iraquíes en retirada, sus camaradas reunieron un gran grupo de vehículos en su mayoría civiles y comenzaron su huida hacia el norte.

Subieron por la autopista 80 de Kuwait a Basora. No pasaría mucho tiempo antes de que su huida comenzara a parecerse a la congestión del tránsito. Por supuesto, los aviones de la Coalición los avistaron y, por orden del alto mando, comenzaron a atacarlos. Primero, abrieron fuego en la cabeza y la cola de la columna que huía, y en luego abrieron fuego sobre el resto. Luego, en el transcurso de más de diez horas en una serie de ataques repetidos, los pilotos de la Coalición procederían básicamente a masacrar a los iraquíes. Por la mañana, solo quedaron escombros carbonizados y cuerpos quemados, salpicando kilómetros de carretera. Esto provocaría un revuelo entre la opinión pública internacional, ya que muchos lo vieron como un uso excesivo de la fuerza. Los iraquíes se estaban retirando, en su mayoría desarmados, lo que llevó a algunos a argumentar que estos ataques violaban la Convención de Ginebra, que prohíbe la matanza de soldados que están fuera de combate. Otros agregarían que había civiles entre el personal militar, lo que nunca se confirmaría por completo. El comando estadounidense respondió afirmando que simplemente estaban destruyendo el equipo militar iraquí, que podía ser utilizado en futuros combates. Otros oficiales estadounidenses también agregaron que los iraquíes muertos eran simplemente "un grupo de violadores, asesinos y matones" que intentaban escapar. El número de víctimas también sería un tema de debate, ya que algunos oficiales del ejército afirmaron que la mayoría de los iraquíes abandonaron sus vehículos cuando comenzaron los ataques. Independientemente, el suceso que se conocería como la

"Carretera de la Muerte" dejó un sabor amargo a muchos observadores internacionales.

Una foto posterior de la "Carretera de la Muerte" con un T-55 en el frente (abril de 1991). Fuente: https://commons.wikimedia.org

Sin embargo, esos sucesos tuvieron pocos efectos en las otras tropas de la Coalición. Al día siguiente, 27 de febrero, el avance de las fuerzas estadounidenses del VII Cuerpo de Ejército, lideradas por la 1ª División Blindada de los EE. UU., se enfrentaron a la División Medina, que fue reforzada con restos menores de la Tawakalna y brigadas regulares del ejército iraquí. Una vez más, las élites iraquíes justificarían su reputación. Eligieron excavar en el terreno elevado detrás de una cresta, dándoles fuertes posiciones defensivas con un elemento sorpresa. Las unidades estadounidenses que avanzaban no pudieron verlos con claridad antes de pasar la cresta. Gracias a sus elecciones tácticas, así como a su fuerte voluntad de lucha, la División Medina opuso lo que probablemente fuera la resistencia más feroz de la guerra, llegando incluso a derribar algunos de los aviones estadounidenses. En el enfrentamiento que se conocería como la batalla de la Cresta Medina, mantuvieron sus posiciones durante todo el día. Sin embargo, una vez más, su equipo demostró no ser rival para la artillería y la fuerza aérea estadounidenses. Incluso los tanques estadounidenses demostraron ser un gran desafío para ellos simplemente porque superaban a la generación de T-72 soviéticos más antiguos que usaba la Guardia. Así, al final del día, la División Medina también sería derrotada, sufriendo pérdidas significativas, especialmente en tanques y APC.

Al mismo tiempo que la batalla de la Cresta Medina, se produjo otro choque importante en las inmediaciones. La 1ª División de Infantería de los Estados Unidos, con la ayuda de otras divisiones de artillería y unidades blindadas estadounidenses y británicas, se enfrentó a una mezcolanza de divisiones de infantería y blindadas iraquíes que habían sobrevivido hasta ahora. Incluso estaban presentes algunos otros restos de la División Tawakalna. Los iraquíes estaban tratando de fortalecer sus posiciones, ya que no tenían otras opciones viables en sus intentos de resistir a las fuerzas invasoras. Una vez más, las tropas iraquíes mostraron cierta voluntad de resistir, pero sería en vano. Sus tanques atrincherados eran blancos fáciles para el bombardeo aéreo y la artillería de la Coalición. A medida que avanzaba el día, su resistencia se fue quebrando lentamente y las tropas iraquíes comenzaron a rendirse. Al final del día, las fuerzas de la Coalición marcarían otra importante victoria. Se conoció como la batalla de Norfolk, ya que estaba ubicada en un área desértica cerca de la frontera entre Irak y Kuwait que el comando de la Coalición llamó Objetivo Norfolk. El ejército iraquí perdió una gran parte de su fuerza de combate y una cantidad sustancial de vehículos y equipo. Los números exactos de tanques iraquíes desplegados y destruidos todavía se debaten, ya que los historiadores todavía discuten cuál de las dos batallas importantes del día, la batalla de la Cresta Medina o la batalla de Norfolk, ostenta el título de la batalla de tanques más grande del mundo.

Un T-72 iraquí atrincherado en la batalla de Norfolk. Fuente: https://commons.wikimedia.org

Más al norte, la 24a División de Infantería Mecanizada de los EE. UU. siguió el río Éufrates hacia el este, hacia la ciudad de Basora. El 27 de febrero, se enfrentó a las fuerzas de la Guardia Republicana de la División Al-Faw, ayudada por destacamentos más pequeños de las Divisiones Nabucodonosor y Hammurabi cerca del lago Hammar. El Al-Faw se enfrentó valientemente a la 24ª División, ofreciéndole la resistencia más dura desde que la división había cruzado a Irak. Sin embargo, como todas las otras batallas ese día, esos esfuerzos iraquíes serían inútiles. La mayor parte de la División Al-Faw quedó inutilizada en combate, mientras que partes de las Divisiones Hammurabi y Nabucodonosor huyeron hacia Basora. Mientras la 24a División de Infantería Mecanizada de EE. UU. cercaba la ciudad, las 101ª y 82ª Divisiones Aerotransportadas de EE. UU. estaban bloqueando las rutas de escape a lo largo del río Éufrates, además de proteger la parte posterior de las fuerzas de la Coalición. Efectivamente, al final del día, lo que quedaba de las fuerzas iraquíes en el sur estaba confinado al área alrededor de Basora. El ejército iraquí sufriría pérdidas significativas y quedaría casi completamente rodeado en el llamado "bolsillo de Basora". Las únicas rutas de escape viables estaban al norte del lago Hammar, que se extendía a lo largo de los ríos Shatt al-Arab y Tigris.

En este punto, los líderes políticos y militares de la Coalición divergían en las opiniones. Los principales generales estadounidenses creían que su objetivo secundario, inutilizar la Guardia Republicana, aún no se había cumplido por completo. Las unidades de élite iraquí sufrieron pérdidas sustanciales, principalmente en términos de equipamiento, y supuestamente las divisiones Tawakalna y Al-Faw dejaron de existir como fuerzas de combate. Sin embargo, para los generales estadounidenses, incluido el general Schwarzkopf, esto significaba que el trabajo estaba solo parcialmente hecho. A sus ojos, la Guardia seguía siendo una amenaza viable en la región. Por otro lado, los políticos, sobre todo el mismo presidente Bush padre, sentían que se había logrado el objetivo de la Coalición. El ejército iraquí fue expulsado de Kuwait, mientras que la mayor parte de su fuerza de combate y su equipo fueron destruidos. Combinado con imágenes horribles de la Autopista de la Muerte y otras escenas similares de destrucción, fue suficiente para que el público internacional, así como el estadounidense, dudaran si la Coalición estaba actuando exageradamente. Esta visión se vio favorecida por el hecho de que la resolución de la ONU había encargado a la Coalición solo liberar a Kuwait, no destruir al ejército iraquí o derrocar al régimen de Saddam. Esto llevó al presidente Bush padre a declarar un alto el fuego a las 8:00 del 28 de febrero, exactamente 100 horas desde que comenzaron las operaciones terrestres oficiales.

Esta decisión del comandante en jefe de los Estados Unidos provocó bastante debate entre el público estadounidense. Una línea de pensamiento, de naturaleza más militarista, la vio como un error. El régimen Baaz de Saddam no solo quedó a cargo de Irak, sino que también se le permitió retener demasiado poder militar. Otros pensaron que era la elección correcta, ya que se había cumplido la misión de la ONU, y el ejército iraquí fue sin duda derrotado. Esta discusión volvió a surgir después de que Estados Unidos invadiera

Irak por segunda vez en 2003. Sin embargo, a fines de febrero de 1991, el presidente Bush padre tuvo que considerar tanto el clima diplomático como su propio legado político. Al poner fin a la guerra cuando lo hizo, el presidente de los Estados Unidos evitó bajas iraquíes injustificadas, lo que casi con certeza habría llevado a la desaprobación internacional. Habría manchado tanto la impresionante victoria estadounidense como su carrera política. Además, si el ejército de los Estados Unidos hubiera decidido continuar la guerra para derrocar a Saddam, lo más probable es que la Coalición se hubiera fracturado. Sin duda, los miembros árabes estaban en contra de la intervención estadounidense en los asuntos internos de Irak. Por lo tanto, el presidente Bush padre vio solo una opción correcta, dejando tanto el suyo como el rostro de los Estados Unidos inmaculados.

El gobierno iraquí estaba ansioso por aceptar el alto el fuego y dar por terminada la guerra, aunque no se había firmado ningún documento oficial. Se acordó que las negociaciones formales de paz se llevarían a cabo el 2 de marzo en la Base Aérea de Safwan, a solo unos kilómetros de la frontera entre Irak y Kuwait en la carretera hacia Basora. Sin embargo, mientras las conversaciones estaban en curso, la División Hammurabi intentó retirarse del bolsillo de Basora hacia Bagdad, pasando entre el campo petrolero de Rumaila y el lago Hammar. En su camino estaba la 24a División de Infantería Mecanizada de Estados Unidos, que no tenía intención de dejarlos pasar. Sin seguir ninguna orden del alto mando iraquí, los soldados de Hammurabi abrieron fuego contra las tropas estadounidenses que intentaron bloquear su fuga. Eso provocó una feroz reacción de las fuerzas estadounidenses. La larga columna de las tropas iraquíes en retirada se encerró primero en una zona de muerte, después de lo cual fueron sometidas a la destrucción sistemática tanto por las fuerzas terrestres estadounidenses como por su apoyo de artillería y aviones. La División Hammurabi quedó devastada. Perdió varios cientos de vehículos, con más de 700 soldados muertos y 3.000 capturados. La batalla de Rumaila, como se conocería este suceso, desató otra ronda de controversias entre los observadores de la guerra.

Restos carbonizados de vehículos iraquíes tras la batalla de Rumaila (marzo de 1991). Fuente: https://commons.wikimedia.org

Se planteó la cuestión si la 24ª División tenía justificación para desencadenar tal destrucción, aunque los iraquíes habían disparado primero. Algunos incluso cuestionarían en primer lugar, la razón por la cual la unidad estadounidense se interpuso en el camino de los iraquíes en retirada, ya que esta tuvo lugar durante el armisticio. Especialmente dudosas serían las acciones de los soldados estadounidenses, que estaban en contra de todas las reglas del combate civilizado. La mayor parte de la División Hammurabi no estaba lista para la batalla, con muchos de sus tanques y otros equipos cargados en vehículos de transporte; atacarlos equivalía a disparar contra un hombre desarmado. Peor aún, hubo informes de soldados estadounidenses disparando contra heridos, médicos y soldados iraquíes que se habían entregado. El alcance de la violencia fue sorprendentemente injustificable, lo que demuestra que el presidente Bush padre había tomado la decisión correcta. Si la guerra hubiera continuado, es probable que hubieran ocurrido más sucesos similares, ya que los soldados estadounidenses estaban más que ansiosos por castigar a "los malvados iraquíes". Por supuesto, este incidente provocaría algunas fricciones en la mesa de negociaciones, pero el gobierno iraquí no tenía otra opción.

La única forma en que sobrevivirían tanto el régimen Baaz como Irak en su conjunto era acordar los términos que les dio el mando de la Coalición. Así, el 3 de marzo de 1991, en Safwan, las hostilidades terminaron oficialmente cuando las dos partes firmaron el alto el fuego. La parte iraquí acordó los términos establecidos por la Coalición. Ambos bandos debían intercambiar prisioneros. Según los informes, Iraq había capturado a 41 soldados, algunos de los cuales afirmaron más tarde que habían sido brutalmente torturados y golpeados con la esperanza de obtener información sobre los planes de la Coalición. Por otro lado, las tropas de la Coalición retenían a más de 60.000 iraquíes, la mayoría de los cuales parecían haber sido tratados de acuerdo con la Convención de Ginebra de 1949. Fue una revelación impactante para el negociador iraquí, que desconocía cuán extensa había sido la derrota iraquí.

Además, el ejército iraquí debía proporcionar información precisa sobre los campos de minas que había colocado en la región, sobre todo en Kuwait. Aparte de eso, se trazó una línea temporal de alto el fuego para evitar nuevos enfrentamientos injustificados como lo habían hecho las Divisiones 24 y la Hammurabi. A los iraquíes también se les prohibió el uso de aviones de ala fija, pero después de que su negociador suplicara, se les permitió el uso de helicópteros. El gobierno iraquí argumentaría que, con la destrucción sustancial de la infraestructura iraquí, se necesitaban helicópteros para facilitar el movimiento por todo el país. También se ordenó a Irak que permitiera el ingreso a los representantes de la ONU en su territorio. Debían supervisar la eliminación de armas químicas y biológicas, así como misiles balísticos con alcances de más de 150 kilómetros (93 millas). El gobierno iraquí también tuvo que aceptar e implementar todas las resoluciones de la ONU relativas a la guerra del Golfo y la cuestión de Kuwait. Al mismo tiempo, Irak tuvo que reconocer oficialmente la línea de la frontera entre Irak y Kuwait como se define en el acuerdo de 1963.

Además de eso, la frontera entre los dos países estaría demarcada con un área desmilitarizada, que sobresalía seis millas (diez kilómetros) hacia Irak, mientras que era solo la mitad de grande en el lado kuwaití. Se ordenó además al Iraq que liberara a todos los prisioneros y detenidos kuwaitíes, devolviera todos los bienes saqueados y pagara una indemnización por daños y perjuicios a Kuwait. A cambio, la ONU levantaría sus sanciones, que la población civil iraquí necesitaba desesperadamente. Con todo, el acuerdo de Safwan fue menos una negociación y más una rendición iraquí, un hecho que solo se confirmaría cuando uno miraba el estado del campo de batalla después de que se proclamara el alto el fuego inicial. Cuando Saddam y su régimen aceptaron las condiciones impuestas, las tropas de la Coalición comenzaron a retirarse lentamente de la región. La victoria de la Coalición fue celebrada, o al menos alabada, en la mayor parte del mundo. Sin embargo, la propaganda iraquí la presentaría de manera diferente. Como todavía estaba bajo el control indiscutible de Saddam Hussein, informó a los ciudadanos iraquíes que la paz solo se había logrado porque sus soldados habían luchado con valentía, lo que había obligado a la Coalición a pedir un alto el fuego. Así, el régimen Baaz proclamó su triunfo en la llamada "madre de todas las batallas".

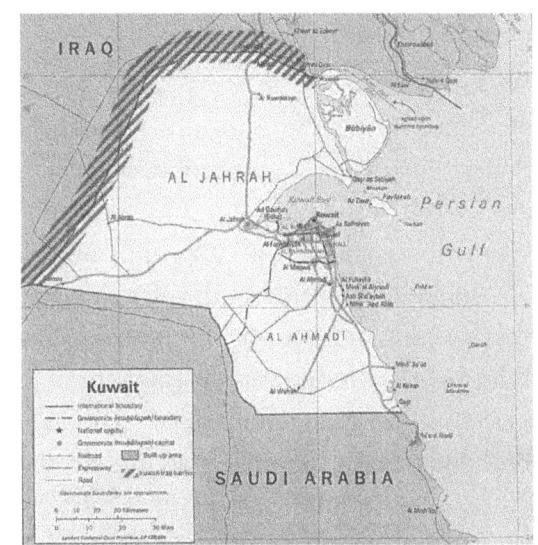

Zona desmilitarizada entre Irak y Kuwait (izquierda) y civiles kuwaitíes celebrando con soldados de la Coalición por su liberación de los iraquíes (derecha). Fuente: https://commons.wikimedia.org

Por supuesto, la mayoría del pueblo iraquí sabía que esta "noticia" era una mera táctica de propaganda. Miles de soldados descontentos regresaban a casa, con pleno conocimiento de lo aterradora que fue su derrota. Casi todos los civiles sintieron la devastación causada por el bombardeo de la Coalición, y aún más de ellos se vieron afectados por el bloqueo económico de la ONU. La insatisfacción se acumularía a lo largo de la guerra del Golfo, pero no se podía expresar en ninguna parte, ya que el gobierno mantenía un control estricto tanto sobre los medios de comunicación como sobre la población. Así, cuando terminó la guerra, incluso con las tropas más leales de Saddam y su aparato de gobierno en desorden, comenzaron a surgir los levantamientos locales. Las primeras llamas de la revuelta se encendieron el 1 de marzo cerca de la ciudad de Basora antes de extenderse por Irak. No fue una sola rebelión centralizada, encabezada por alguna organización o un por líder, y ni siquiera estuvo respaldada por alguna ideología amplia. Fue un simple estallido de frustración entre los ciudadanos iraquíes de todo el país. Los rebeldes eran de diversos orígenes étnicos, sociales y religiosos. Entre ellos se encontraban los kurdos oprimidos durante mucho tiempo en el norte de Irak, la mayoría musulmana chiita oprimida por la minoría Baaz y los de extrema izquierda. Aún más preocupante para el régimen de Saddam fue el hecho de que la rebelión fue apoyada no solo por soldados iraquíes desmovilizados sino también por soldados activos, lo que la convertiría también en parte en un motín militar.

Un tanque del gobierno iraquí destruido por los rebeldes (marzo de 1991).
Fuente: https://commons.wikimedia.org

El gobierno de Baaz tenía que actuar rápidamente si quería restablecer su férreo control sobre Irak, ya que los insurgentes lograron algunos éxitos iniciales menores. El gobierno central iraquí perdió el control de varias ciudades en el sur y el norte de Irak. Los rebeldes expresarán su frustración no solo destruyendo símbolos del régimen Baaz, como estatuas y edificios, sino también matando a cientos de oficiales, y partidarios del Baaz. Saddam y sus altos funcionarios no respondieron de inmediato, mientras esperaban para terminar los tratos con la Coalición. Por lo tanto, su contraofensiva comenzó el 7 de marzo, con la Guardia Republicana sirviendo como punta de la lanza leal. Sin embargo, los levantamientos resultaron ser mucho más difíciles de extinguir de lo que hubiera sido antes del conflicto. El ejército iraquí no solo estaba dividido, sino que también carecía de equipos y vehículos debido a las pérdidas de la guerra. Por otro lado, los rebeldes no estaban dispuestos a retroceder. Su voluntad de luchar solo sería alimentada aún más por los mensajes de Estados Unidos, que los impulsaban a liberarse de la dictadura de Saddam. El presidente Bush padre y su gabinete creían, o al menos esperaban, que el pueblo iraquí podría acabar con el régimen del Baaz por ellos, ya que sus manos estaban atadas por interferir directamente en los asuntos internos iraquíes.

Un panfleto estadounidense representando a Saddam Hussein como la muerte (izquierda) y niños kurdos jugando con equipo militar abandonado (derecha-marzo de 1991. Fuente: https://commons.wikimedia.org

Para sorpresa de EE. UU. y de los rebeldes, la imposición de la no intervención cortó la acción de ambos lados. Mientras las fuerzas de la Coalición se retiraban lentamente de Irak, el régimen leal comenzaría a reprimir el levantamiento. Sus herramientas principales, a las que los insurgentes apenas podían esquivar, eran los helicópteros del ejército iraquí. Solo un puñado había sido destruido durante la guerra, y estaban exentos de la prohibición de volar de la Coalición. Así, comenzaron a liderar los ataques aéreos contra los indefensos rebeldes. Buscaron el apoyo de los estadounidenses, ya que eran ellos los que incitaban a su revuelta, pero las tropas estadounidenses no pudieron ayudarlos. Se consideraría una injerencia en los asuntos internos iraquíes. Por lo tanto, a los leales se les permitió masacrar a sus compatriotas en todo el país, mientras que la Coalición poco pudo hacer más que mirar. El régimen de Baaz pasó a asesinar no solo a combatientes armados de la rebelión, sino también a civiles indefensos que los apoyaban. Sin embargo, a pesar de su superioridad militar, los leales necesitaron casi un mes completo para sofocar todos los levantamientos. No fue hasta el 5 de abril de 1991 que los rebeldes fueron finalmente derrotados, ya que ese fue el día en que el gobierno Baaz declaró que había aplastado todos los intentos de sedición, sabotaje y disturbios en todas las ciudades iraquíes. Irónicamente, fue ese mismo día que la ONU adoptó la Resolución 788, en la que exigía al gobierno de Baaz que detuviera la represión de la población kurda y chiita en Irak. Pero para entonces, ya habían muerto decenas de miles y el levantamiento rebelde había fracasado.

A pesar de que las rebeliones habían sido sofocadas, Estados Unidos, Gran Bretaña y Francia establecieron dos zonas de exclusión aérea sin buscar un acuerdo iraquí. Esas zonas cubrían las áreas del norte y el sur, donde habían tenido lugar la mayoría de los levantamientos. Además, Irak se vio obligado a reemplazar las tropas aliadas o su propia policía con las de seguridad de la ONU en algunas ciudades que fueron parte de la rebelión. Irak se opuso a muchas de estas decisiones, alegando con cierta razón que infringían su soberanía. Además, después que el impacto inicial de la derrota empezara a desvanecerse y las tropas de la Coalición comenzaran a regresar a casa, el gobierno de Baaz comenzó a protestar contra los inspectores de la ONU que venían a Irak para supervisar el desmantelamiento de armas prohibidas y sitios nucleares, a pesar de que se había acordado sobre ello en el acuerdo de Safwan. No solo eso, sino que comenzaron a interferir con su trabajo, tratando de obstruirlo. Los iraquíes afirmaron que algunos de ellos eran espías occidentales que tomaban fotografías y enviaban información confidencial a Estados Unidos e Israel. Estas acusaciones generalmente serían desestimadas sin consecuencias graves, aunque, en algunos casos, resultaron ser parcialmente ciertas. Algunos de los miembros estadounidenses de los equipos de la ONU enviaron la información recopilada primero a Washington antes de informar a las Naciones Unidas.

A principios de 1992, las últimas fuerzas de la Coalición abandonaban Irak, a pesar de que todavía había tropas estadounidenses estacionadas en la región. Durante los dos años siguientes, esas fuerzas estadounidenses actuaron unilateralmente cuando lo consideraría necesario. Sus barcos y aviones bombardeaban Irak cada vez que Estados Unidos estimaba que los iraquíes estaban rompiendo algún acuerdo o posiblemente poniendo en peligro otros. Por ejemplo, una estación de radar iraquí fue destruida después de que un avión estadounidense detectara que estaba escaneando. En otras ocasiones, el bombardeo estadounidense tenía como objetivo las defensas iraquíes y los emplazamientos de misiles balísticos. La más singular de estas acciones punitivas se produciría en junio de 1993 cuando Washington aprobó el lanzamiento de 23 misiles crucero Tomahawk en Bagdad. Fue en represalia por un supuesto intento de asesinato patrocinado por Irak contra, en ese momento, el expresidente George Bush padre, quien estaba de visita en Kuwait en mayo de ese año. Washington afirmó que el ataque fue un acto de autodefensa, lo que significaría que la

Carta de la ONU lo justificaba. No obstante, para muchos, fue visto como Estados Unidos violando el derecho internacional, especialmente porque había señales de que los supuestos informes de asesinatos parecían ser fabricados. Peor aún fue el hecho de que esas incursiones limitadas y dirigidas con precisión aún lograron golpear estructuras civiles y causar más bajas innecesarias. El resto del mundo hizo poco más que protestar para detener estos bombardeos, mientras que Irak mismo no podía hacer nada significativo por sí solo.

Además, en los meses y años posteriores a la guerra del Golfo, las Naciones Unidas nunca se retractaron por completo del embargo comercial impuesto a Irak. Se afirmó que el gobierno iraquí nunca implementó por completo los términos de la paz, acusaciones que no pueden descartarse como completamente falsas. Al igual que Estados Unidos, Saddam también tuvo sus propias interpretaciones de las condiciones de paz, trabajando en las áreas grises que quedaban. Por lo tanto, la ONU mantuvo con razón el embargo impuesto sobre el equipo militar y las importaciones de cualquier tipo que pudieran usarse en la guerra o para armarse. En contraste, a Irak se le permitió comprar alimentos, medicinas y otros productos similares de los que carecía casi por completo. Sin embargo, surgiría un problema por el hecho de que Irak todavía tenía prohibido exportar su crudo. Debido a tales medidas, el gobierno iraquí no pudo encontrar fondos para comprar los productos básicos necesarios, mientras que la guerra y las sanciones extendidas paralizarían su agricultura e industria. A principios de 1994, varias organizaciones internacionales advirtieron que Irak se encaminaba hacia la hambruna. Esto obligó a la ONU a levantar parcialmente el embargo a las exportaciones de petróleo iraquí, limitándolo a una cierta cantidad, mientras que los recursos solo debían utilizarse para adquirir alimentos y medicinas. A pesar de eso, la vida civil en Irak seguía siendo dura y miserable. La razón detrás de las sanciones prolongadas y el bombardeo punitivo ocasional era el deseo subyacente de Estados Unidos de incitar a los iraquíes a derrocar al régimen de Baaz.

Sin embargo, el efecto resultaría todo lo contrario. Al régimen le iba más o menos bien, mientras que eran los civiles iraquíes los que sufrían. Fue necesaria otra guerra en 2003 para deponer finalmente a Saddam y al régimen de Baaz, que fuera emprendida por Estados Unidos sin la aprobación de la ONU. Casualmente, fue solo entonces cuando se levantaría totalmente el embargo impuesto a Irak. Sin embargo, Irak nunca se recuperó realmente del destino que le trajo la invasión de Kuwait, ya que el sufrimiento de los civiles iraquíes continúa hasta el día de hoy.

Capítulo 8 - Víctimas, Consecuencias y el Legado de la Guerra del Golfo

Para comprender completamente la historia de la guerra del Golfo, no es suficiente hablar sobre las batallas y los bombardeos, por qué sucedió, cómo se resolvió y cuándo terminó. Es vital examinar más de cerca el resultado y las ramificaciones del conflicto, así como la imagen de la guerra que está grabada en nuestras mentes hoy. Solo entonces estará completo el cuadro de la guerra, así como la comprensión del acontecimiento en su máxima expresión.

Cuando se trata de entender las guerras, una de las cuestiones más importantes que se plantean es la de las víctimas. Esa parte de la guerra del Golfo sigue siendo bastante controvertida pero también muy ilustrativa. Las fuerzas de la Coalición en total tuvieron alrededor de 380 muertos en acción, y alrededor de 800 más resultaron heridos. Teniendo en cuenta el número de tropas involucradas, estas fueron cantidades sorprendentemente pequeñas, lo que la convertiría en una de las campañas de guerra más exitosas de la historia. Sin embargo, la imagen idealizada está algo empañada por el porcentaje de muertes por fuego amigo. De los 146 soldados estadounidenses muertos en acción durante la guerra, hubo al menos 35 casos confirmados de las llamadas muertes "azul por azul" (un ataque en el que soldados, son heridos o muertos por su propio ejército o por soldados del mismo bando que ellos). Esa cifra está por encima del 20% de las pérdidas totales de Estados Unidos. El número de soldados estadounidenses heridos por fuego aliado es aún mayor. El acto más grave de fuego "azul sobre azul" ocurrió el 26 de febrero en la batalla entre el VII Cuerpo de Ejército de los Estados Unidos y la División Tawakalna. No menos de 57 soldados estadounidenses resultaron heridos por fuego del mismo bando, aunque no hubo víctimas mortales. Si esto no fuera suficiente, entre las tropas de la Coalición hubo una alta tasa de accidentes, con un par de cientos de bajas de varias nacionalidades. Al final, se demostraría que los accidentes, las enfermedades y el fuego amigo se cobraron más vidas aliadas que las infligidas por el ejército iraquí. Aparte de las bajas de la Coalición enumeradas, cabe señalar que, durante la invasión y ocupación iraquí de Kuwait, este sufrió varios cientos de muertes militares y más de 1.000 bajas civiles.

En comparación, Irak pagaría un precio mucho más alto. Se desconoce el número exacto, ya que ni siquiera el gobierno iraquí tenía información precisa. Los medios de comunicación y ciertos expertos y oficiales del ejército de la época estimaron que el ejército iraquí tuvo unos 200.000 muertos en acción. Estos números se redujeron significativamente, con la mayoría de las evaluaciones confiables que van desde alrededor de 2.000 a 35.000, con aproximadamente 75.000 heridos adicionales. Las estimaciones de las muertes de civiles iraquíes van desde un número bastante conservador de 3.500 hasta 15.000. El número de víctimas iraquíes aumenta significativamente cuando se suman al recuento final los levantamientos. Según varias aproximaciones, el número de bajas varía entre 130.000 y 250.000 cuando se suman muertos, heridos y desaparecidos. De estos, entre 25.000 y 35.000 fueron víctimas civiles desarmadas. La situación en la que se encontraba Irak no hizo más que empeorar su sufrimiento. Su infraestructura fue devastada, la hambruna se extendió y su sistema de salud colapsó, causando decenas de miles de muertes más después de la guerra. Eso llevó a unas 205.000 muertes iraquíes por las consecuencias directas e indirectas de la guerra. Además de las víctimas, hubo hasta 1.8 millones de refugiados, en su mayoría kurdos y minorías chiitas. Comenzaron a huir del país en gran número después de que se sofocara el levantamiento. Huyendo de la opresión de Saddam, en su mayoría se dirigieron a Turquía e Irán.

Al ver cuánto sufrió Irak a causa de la guerra, tanto en víctimas como en destrucción, muchos observadores occidentales se sorprendieron por la proclamación de la victoria de Saddam. Al menos, lo vieron como una estratagema de propaganda o sus propias ilusiones personales. En el gran esquema de las cosas, no hay duda de que Irak fue derrotado en la guerra del Golfo, lo que hace que la declaración de Saddam sea casi ridícula. Sin embargo, para él y sus altos funcionarios del Baaz, la guerra no fue tan desastrosa como podría haber sido. Para el régimen, que entró en la guerra en gran medida para permanecer en el poder, su principal objetivo se logró. El Partido Baaz, con Saddam a la cabeza, no solo se mantuvo al frente de Irak, sino que incluso el control se hizo más férreo. Durante los levantamientos, se ocuparon de las partes de la población iraquí que representaban la mayor amenaza para el régimen. Además, el ejército iraquí regular, que había comenzado a perder su fe en el gobierno desde la guerra entre Irán e Irak, fue diezmado. Perdió su fuerza para un posible golpe organizado. Al mismo tiempo, la siempre leal Guardia Republicana ganó poder en comparación con el ejército iraquí regular. Sin embargo, los devastadores resultados de la guerra cambiaron el gobierno de Saddam. La popularidad de su régimen y del Partido Baaz estabas cayendo, lo que lo obligó a volverse más hacia los grupos tribales del campo que únicamente le eran leales a él.

Saddam Hussein en 1998 (izquierda) y la bandera iraquí con la frase islámica añadida "Dios es grande, que estuvo en uso desde 1991 hasta 2004. Fuente: https://commons.wikimedia.org

De esas tribus, Saddam reclutó a gente para que lo sirvieran en los servicios de seguridad, el ejército, el gobierno y el aparato burocrático, asegurándose de que solo estuviera rodeado por iraquíes leales. Además, el régimen comenzó a reconstruir y formar nuevas agencias de seguridad y redes de inteligencia, creando un sistema estrecho y superpuesto para protegerlo de amenazas internas. Las partes más vitales de la seguridad de Saddam, esos puestos clave en las organizaciones de seguridad e inteligencia, fueron asignados a sus propios familiares. Aparte de los cambios en la estructura del régimen, su ideología también estaba cambiando. El nacionalismo panárabe del Partido Baaz en gran medida fue abandonado. Esto se debió en parte a que Saddam no había cumplido con su papel autoproclamado como unificador árabe. Peor aún está el hecho de que la mayor parte del mundo árabe se volvió contra Irak en su enfrentamiento con el resto del mundo en lugar de apoyarlo. Por lo tanto, la idea de la unidad panárabe parecía solo una ilusión tanto para los iraquíes comunes como para los líderes del Baaz, incluido el mismo Saddam. En cambio, el régimen se volvería hacia el islam como la base de su ideología. En sus discursos, Saddam comenzaría a utilizar la retórica religiosa, a veces incluso presentándose a sí mismo como un mesías o representante de Dios. El resultado de la guerra contra el gobierno y la sociedad iraquíes fue su cambio de la modernidad y el nacionalismo árabe hacia ideas y organizaciones más tradicionales y conservadoras basadas en el islam y el tribalismo.

Por otro lado, Estados Unidos celebró su victoria no solo sobre Irak sino también sobre su miedo a Vietnam. Durante más de quince años después de su vergonzosa derrota en el sudeste asiático, el público estadounidense fue muy cauteloso a la hora de involucrarse en nuevas guerras o intervenciones. Tanto el público como el gobierno temían volver a cometer los mismos errores. Sin embargo, después de ver lo bien que ganaban contra el supuestamente cuarto ejército más grande del mundo, su confianza en sí mismos creció. La victoria no solo fue rápida y con bajas mínimas, sino que tampoco fue una carga tremenda para el presupuesto estadounidense. A diferencia de la guerra de Vietnam, donde Estados Unidos fue a la vez la principal fuerza de combate y el principal financiador, en la guerra del Golfo, Arabia Saudita y Kuwait pagaron la mayor parte de los gastos.

El costo de toda la guerra se estimó en alrededor de 61 mil millones de dólares (aproximadamente 115 mil millones en dólares de 2019), con Estados Unidos gastando solo 8 mil millones (15,1 mil millones en dólares de 2019). Ese monto solo representaba aproximadamente el 13% de los gastos, a pesar de servir como el 75% de la fuerza de combate de la Coalición. En contraste, durante la guerra de Vietnam, Estados Unidos gastó más de un billón en dólares de 2019, lo que hizo de la guerra del Golfo uno de los conflictos "más baratos" de la historia estadounidense reciente, en todos los sentidos de la palabra.

La cobertura de los medios de comunicación solo aumentaría la sensación de una tremenda victoria de Estados Unidos en la guerra con Irak. Incluso antes de que comenzara la guerra, los medios estadounidenses y británicos comenzaron a retratar a Saddam Hussein como el mal supremo, comparándolo con Hitler, el diablo o la muerte. Con eso, el público no solo estaba preparado para el conflicto, sino que también apoyaba plenamente los esfuerzos de guerra. En una encuesta pública realizada en agosto de 1990 en Gran Bretaña, el 42% de los encuestados apoyaba no solo el bombardeo de objetivos militares sino también de civiles. Además, alrededor del 12% estaba a favor del uso de armas nucleares si fuera necesario. Demonizar al enemigo ayudó a obtener apoyo para la guerra, y el gobierno de Estados Unidos tenía la intención de mantener el apoyo, con la esperanza de evitar "un nuevo Vietnam". La principal táctica para lograrlo sería mediante el estricto control de la presencia de los medios y la cobertura de la guerra. Se organizó un llamado "sistema de reserva", donde el personal de los medios recibía noticias militares oficiales, cuya cobertura se centró solo en ataques y sucesos exitosos. Además, a los periodistas no se les permitiría moverse con tanta libertad en el campo de batalla como durante la guerra de Vietnam, lo que limitaría aún más su perspectiva del conflicto. Por supuesto, el sistema no era impermeable, ya que algunos reporteros encontraron la manera de informar sobre las bajas civiles y los errores de la Coalición. Sin embargo, esas voces claramente eran un minoría.

Parecía que la mayoría de los principales medios de comunicación apoyaban la guerra y estaban dispuestos a trabajar según las instrucciones de los militares.

Conferencia de prensa celebrada por el secretario de Defensa de los Estados Unidos, Dick Cheney, con los miembros del mando militar de los Estados Unidos (febrero de 1991). Fuente: https://commons.wikimedia.org

La razón de tal cooperación con los medios es doble. En un razonamiento más sencillo, los medios de comunicación dependían de los militares para sus noticias e imágenes. Esto era especialmente cierto cuando se trataba de adquirir los videos de armas estadounidenses de alta tecnología equipadas con cámaras. Debido a esto, el espectador promedio por primera vez pudo ver un misil golpear su objetivo de frente. Ese tipo de secuencias se hizo bastante popular y fue excelente para atraer espectadores y generar ingresos para los principales medios de comunicación. Sin cooperar con el ejército, este tipo de videos no estarían disponibles para las cadenas de televisión. Además de esta razón aparente, también estaba el hecho de que los propietarios detrás de escena de algunas de las redes más importantes tenían conexiones y negocios con la industria de armas de EE. UU., Lo que los llevó a apoyar el esfuerzo de guerra con su cobertura. Por lo tanto, la mayoría de los medios de comunicación estadounidenses y británicos enmarcaron la guerra como un acontecimiento emocionante, dramático y patriótico, convirtiendo la guerra del Golfo en un espectáculo. Las cadenas presentaban la guerra como su audiencia quería verla, no como realmente era. La euforia causada por la participación de Estados Unidos en la lucha contra Irak solo se vio favorecida por el hecho de que las nuevas tecnologías, como los satélites, permitieron una cobertura del conflicto casi las 24 horas los 7 días de la semana, haciendo de la guerra del Golfo la primera "guerra en vivo" de la historia.

Imágenes en vivo de la CNN del bombardeo de Bagdad. Fuente: https://commons.wikimedia.org

Además, las imágenes utilizadas de los tanques, aviones y misiles, combinadas con las armas futuristas, hicieron que las grabaciones parecieran más un videojuego que una realidad. Eso sería suficiente para que el espectador promedio se insensibilizara frente a los horrores de la guerra. Al final, los medios de comunicación producirían imágenes de la guerra del Golfo que demostrarían ser vitales para que los estadounidenses superaran sus miedos y frustraciones de la guerra de Vietnam. La victoria de Estados Unidos y la Coalición se vería reforzada por la imagen presentada por los medios de una guerra limpia a través de la glorificación de la tecnología militar superior de Estados Unidos y la difamación de Saddam y los iraquíes. Incluso hoy, la mayoría de la gente, al menos en Occidente, ve la guerra como tal, a pesar de la evidencia de la clara mala conducta y errores de las fuerzas de la Coalición. Así, la guerra del Golfo y su imagen mediática restauraron el vigor estadounidense, marcando el comienzo de una nueva era de su intervencionismo mundial. Sin embargo, la guerra del Golfo también dejaría recuerdos y consecuencias menos deseables. Especialmente controvertido entre los ciudadanos estadounidenses fue el llamado síndrome o enfermedad de la guerra del Golfo. Se describió por primera vez en 1993 con síntomas que variaban de un soldado a otro, incluidos dolores de cabeza, dolor musculoesquelético, fatiga, disfunción cognitiva e insomnio, así como problemas respiratorios y gastrointestinales. A lo largo de los años, un gran número de veteranos de la guerra del Golfo informarían sobre estos problemas de salud, que oscilaron entre el 17% y el 21% de las fuerzas estadounidenses y británicas. Los médicos no tenían explicaciones para ellos. El único punto en común era su servicio en la guerra, lo que llevó a algunos a concluir que se trataba de una nueva enfermedad relacionada con la guerra.

Desde entonces, el síndrome de la guerra del Golfo se ha convertido en uno de los temas más comentados del conflicto. Los medios de comunicación se centraron en la historia, a menudo escribiendo sobre el problema sin ningún respaldo científico. Varias muertes de veteranos y problemas de salud se vincularían arbitrariamente con el síndrome. Por otro lado, las sociedades de veteranos expresaron su opinión sobre ayudar a los soldados que sufrían, mientras que la comunidad médica trataba de encontrar una cura y una causa. Los tratamientos iban desde la medicación hasta la terapia cognitivo-conductual psicosocial, aunque con un éxito limitado. En cuanto a las causas, no se confirmaría ninguna, pero se propusieron varias. Una era las armas químicas o biológicas iraquíes. Sin embargo, no había evidencia de que se utilizaran en las tropas de la Coalición. Las otras posibilidades eran las píldoras de bromuro de piridostigmina, que se usaron para proteger contra la exposición a los gases nerviosos, o los plaguicidas organofosforados y repelentes de insectos. Ambos fueron usados por el ejército estadounidense y británico para mantener la salud e higiene entre las tropas. Entre las explicaciones menos posibles estaban los incendios y humos de pozos de petróleo, el estrés postraumático o incluso las vacunas contra el ántrax. Otro posible culpable fue el uranio empobrecido utilizado por primera vez durante la guerra del Golfo por Estados Unidos y Gran Bretaña como munición de energía cinética de alta penetración para los tanques. No obstante, nunca se logró un consenso claro sobre la causa, mientras que, en los últimos años, los científicos han comenzado a negar la existencia del síndrome de la guerra del Golfo como una sola enfermedad. Independientemente de eso, el síndrome en sí se convertiría en una parte integral del legado de la guerra del Golfo.

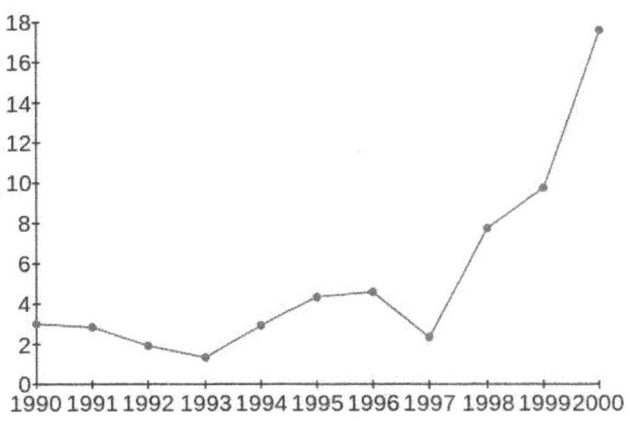

Principales usos de armas de uranio empobrecido durante la guerra del Golfo y el gráfico que muestra el aumento de los defectos de nacimiento en la región de Basora. Fuente: https://commons.wikimedia.org

Relacionado con el debate sobre la enfermedad de la guerra del Golfo, también se plantearía la cuestión de los proyectiles con uranio empobrecido. Tenían mayor poder de penetración que los comunes, pero como se estaba usando material radiactivo, y muchos criticarían su uso. Sus defensores afirmaban que la baja radiactividad del uranio empobrecido significaba que no eran mucho más peligrosas que los proyectiles de tanques convencionales. Afirmaron que había que ingerir o inhalar el uranio para verse seriamente afectado. Sin embargo, en los años posteriores a la guerra, se realizaron varios estudios médicos que demostrarían que los veteranos de la guerra del Golfo eran dos veces más propensos a tener hijos con defectos de nacimiento. Los veteranos también mostraban signos de tasas más altas de trastornos del sistema inmunológico y ciertos tipos de cáncer. Además, la región de Basora mostraría un fuerte aumento de deformidades genéticas y leucemia infantil entre los bebés nacidos en los años posteriores a la guerra. No obstante, los proyectiles con uranio empobrecido aún no han sido prohibidos, ya que otros experimentos no pudieron vincular claramente el uranio empobrecido como la causa de los defectos de nacimiento y otras enfermedades. Además de los problemas médicos, la guerra del Golfo también se recuerda por las cuestiones de conciencia ambiental que se plantearon durante el conflicto. Las imágenes icónicas de los pozos petroleros de Kuwait en llamas siguen siendo sinónimo de la guerra, pero también causaron una gran preocupación por su impacto en el clima y los ecosistemas.

Aviones estadounidenses sobrevolando los campos de petróleo en llamas en Kuwait. Fuente: https://commons.wikimedia.org

Aunque algunos científicos de la época predijeron que las repercusiones serían tan catastróficas como un invierno nuclear, el humo de los incendios de petróleo resultó ser mucho menos destructivo. El clima solamente se vio afectado durante los incendios ardían, volviendo a la normalidad después de ser apagados, aunque la calidad del aire en la región del golfo, en ese momento era significativamente peor. En partes de la península arábiga, hubo informes de lluvias de hollín y cielos llenos de humo. Sin embargo, estas consecuencias serían de corta duración, aunque sí provocaron un aumento de los problemas respiratorios en el área del golfo Pérsico. Más duradero fue el tema del derrame de petróleo en el golfo mismo, que fue hecho por los iraquíes. Las estimaciones originales de un estudio internacional de 1993 consideraban que no causaría daños a largo plazo al ecosistema. Sin embargo, tras un examen más detenido en años posteriores, se ha llegado a la conclusión de que la marea negra, que tenía un tamaño máximo de alrededor de 101 millas (160 kilómetros) por 42 millas (68 kilómetros) y alcanzaba un grosor de aproximadamente 5 pulgadas (13 centímetros) dejaría cicatrices en la vida marina del golfo. De cerca de cuatro millones de barriles estadounidenses (480.000 metros3) de petróleo derramado, solo se recuperaría la mitad. No se intentó limpiar la costa, dejando más de 500 millas (804 kilómetros) de la costa principalmente saudita cubierta de petróleo crudo, que luego se infiltraría profundamente en el sedimento intermareal. Causaría estragos en los ecosistemas vivos de la costa del golfo de Arabia, de los cuales el 50% son marismas. Las plantas y otro seres vivos fueron los que más sufrieron, y algunos científicos estiman que la recuperación total de las marismas llevará varios siglos.

Durante la guerra del Golfo misma, mientras que la producción de petróleo de Kuwait e Irak virtualmente se detuvo y la producción de Arabia Saudita estaba potencialmente en peligro, los precios del petróleo enseguida se dispararon. El costo del barril llegó a costar alrededor de 46 dólares en octubre de 1990, lo que provocaría leves crisis económicas en todo el mundo. Sin embargo, dado que la guerra terminó rápidamente, se evitaron las repercusiones más prolongadas en la economía mundial, ya que los precios continuaron cayendo durante los años noventa. El hecho de que los incendios de los pozos de petróleo en Kuwait no se apagaran por completo hasta noviembre de 1991 no provocó más perturbaciones en los precios del petróleo. En cuanto a Kuwait mismo, la guerra dejó una cicatriz considerable en la población del país. Durante la guerra, no menos de 200.000 palestinos abandonaron el país debido a la coacción y el acoso de los soldados ocupantes o porque simplemente fueron despedidos de sus trabajos por la efímera autoridad iraquí. Otros 200.000 palestinos abandonaron Kuwait después de que terminara la guerra en marzo de 1991. Despreciados tanto por las autoridades como por los ciudadanos kuwaitíes porque la Organización para la Liberación de Palestina apoyó públicamente la invasión iraquí, el resto de la población palestina fue expulsada del país liberado. Así, Kuwait, que antes de la guerra tenía una población de alrededor de dos millones, perdió alrededor del 20% de la población, ya que casi la totalidad del total de 400.000 palestinos abandonaría Kuwait.

La ocupación iraquí también provocaría otros problemas sociales y políticos en el Kuwait de la posguerra. La sociedad kuwaití se dividió a medida que aumentaban las tensiones y la discordia entre quienes huyeron del país y quienes se quedaron y soportaron la opresión iraquí. Al mismo tiempo, la cuestión de unos 600 kuwaitíes que quedaron desaparecidos después de la guerra nunca se resolvió, ya que el gobierno iraquí guardaría silencio. Este problema impidió que parte de la sociedad kuwaití pudiera avanzar después de la invasión. Además, la oposición política liberal al gobierno monárquico antidemocrático de la dinastía Al-Sabah ganó popularidad durante la guerra. Algunos kuwaitíes objetaron el comportamiento de su emir, que estaba en el exilio, o su régimen algo autoritario. La oposición prodemocrática presionaría por la liberalización política, mientras que una minoría esperaba que después de la guerra, sería posible un derrocamiento total de la monarquía. Los más extremistas de la oposición habían esperado que la presencia estadounidense después de la guerra ayudaría a su causa, pero Estados Unidos no tenía ningún interés en instalar la democracia en Kuwait. En ese momento, el gobierno monárquico de la dinastía Al-Sabah era un aliado de los Estados Unidos, mientras que su opresión política se consideraba demasiado benigna para justificar una interferencia. Después que terminara la guerra y el gobierno de antes de la guerra regresara a Kuwait, su respuesta inicial a la creciente oposición fue organizar juicios e instituir la ley marcial, tratando de acallar al movimiento prodemocrático por la fuerza.

Sin embargo, esta política se modificaría rápidamente por la amplia presión de la población kuwaití, lo que condujo a una leve liberalización del sistema. A finales de 1992 se celebraron las elecciones para la Asamblea Nacional de Kuwait y se levantó la censura de prensa. Sin embargo, el gobierno siguió presionando a los periodistas y prohibiendo las reuniones públicas de la oposición. Así, después de la invasión de Saddam, Kuwait exhibiría tanto las tendencias autoritarias del gobierno monárquico como los deseos prodemocráticos entre la población común. Las luchas entre estas dos fuerzas opuestas han marcado la política kuwaití desde entonces. En otros aspectos, como en la economía, la recuperación fue sorprendentemente rápida. El daño a la infraestructura resultó ser mucho menos extenso de lo estimado inicialmente, aunque reparar y poner en marcha la industria petrolera requeriría algo de tiempo e inversiones considerables. Después de la guerra, Kuwait mantendría estrechos lazos con Estados Unidos, tanto por sus necesidades económicas como por el temor a una nueva agresión de Saddam. Por esa razón, Kuwait actuaría como uno de los aliados más cercanos de Estados Unidos en el escenario de la política internacional y al mismo tiempo cooperaría en la esfera de los asuntos militares. Por lo tanto, cuando Estados Unidos decidió atacar a Irak por segunda vez en 2003, Kuwait sirvió como la base principal de la invasión.

A diferencia de los kuwaitíes, quienes, hasta el día de hoy, siguen agradecidos por la intervención de Estados Unidos durante la guerra del Golfo, otras naciones árabes se alejaron de los americanos.

Algunos de los árabes se opusieron por completo a la intervención de la Coalición; sin embargo, incluso las naciones árabes que participaran en la guerra del Golfo comenzaron a mostrar sentimientos antiamericanos. Gran parte de la sociedad saudí, independientemente de lo que dijera su gobierno, estaba en contra del despliegue de soldados no musulmanes en suelo saudí. Además, los círculos conservadores comenzaron a criticar a Estados Unidos por imponer su decadente estilo de vida al pueblo. Otros árabes comenzaron a exhibir ideas similares, vinculando la llegada de la cultura americana con la pérdida de la moralidad y el camino recto del islam. Como tal, a pesar de ser miembros activos de la Coalición, muchos países árabes comenzaron a ver la participación de Estados Unidos y otras naciones occidentales en la guerra del Golfo como un neocolonialismo, su intento de dominar una vez más las regiones árabes, en su búsqueda de petróleo. Al mismo tiempo, el sentimiento antiárabe también creció entre los estadounidenses, ya que a lo largo de los 90, los árabes se convirtieron en sinónimo de terroristas. Ese tipo de desdén mutuo sentó las bases para los sucesos del 11 de septiembre de 2001 y, más tarde, los ataques estadounidenses contra Irak y Afganistán. Con eso vinieron más cambios en las opiniones sobre la guerra del Golfo misma. Los árabes comenzaron a vincularla más con el imperialismo americano, la explotación económica y el expansionismo, mientras que los estadounidenses comenzaron a vincular la guerra del Golfo con la guerra contra el terrorismo.

Edificio dañado en Kuwait después de la guerra del Golfo. Fuente: https://commons.wikimedia.org

En el resto del mundo, las opiniones sobre la guerra, así como su legado, también cambiarían. En ese momento, muchos países occidentales la elogiaron como una gran victoria para el derecho internacional y la libertad. Sin embargo, esta visión cambiaría un poco durante los últimos años de los 90. Las sanciones prolongadas y bastante duras impuestas a Irak hicieron que algunos de los observadores cambiaran ligeramente de opinión. A lo largo de los años, cada vez menos gente vería la participación de Estados Unidos como un acto de un ejemplo de libertad y justicia. En cambio, comenzaron a verla como que los estadounidenses miraban solo sus propios intereses, ya que parecía que el objetivo principal de Estados Unidos era deponer a Saddam. Las sanciones impuestas parecían ser solo una herramienta para lograr ese objetivo, sin importar el costo. La segunda guerra con Irak no haría más que fomentar tales pensamientos, ya que, para algunos, parecía que Estados Unidos solo los invadió porque las tácticas de sanciones anteriores no estaban funcionando. Otras naciones, sobre todo los rusos, mantuvieron su postura generalmente negativa hacia la guerra del Golfo. En su opinión, la guerra era evitable, pero Estados Unidos estaba demasiado ansioso por ir a la guerra con el único objetivo de derrocar el régimen de Baaz. Dicho esto, no todas las naciones ni la gente cambiarían sus puntos de vista sobre la guerra. Algunos todavía la celebran como una victoria de la justicia internacional y elogian la rapidez de la respuesta estadounidense.

Al final, cuando miramos más de cerca las consecuencias y los resultados de la guerra del Golfo, así como su legado, queda claro que no fue ni negra ni blanca. Fue, como la mayoría de las guerras a lo largo de la historia, una mezcla de grises, por la que algunos pagaron el precio máximo.

Conclusión

A primera vista, la guerra del Golfo puede parecer una historia bastante simple y directa. Un malvado opresor intimida a un oponente más débil, pero termina siendo castigado por ello. Sin embargo, como se ha demostrado en esta guía, ese no fue realmente el caso. Este conflicto tenía raíces profundas, que se remontaban a principios del siglo XX, cuando el colonialismo europeo en retirada dejó asuntos sin resolver entre dos, en ese momento, estados jóvenes. Fue criado y alimentado durante décadas hasta que una tormenta perfecta lo empujó al límite. La escalada de la guerra fue posible, ya que la Guerra Fría estaba terminando, dejando el panorama de la política internacional justo para echar más leña al fuego. Y la combustión fue rápida y explosiva. La guerra terminó rápidamente, sin embargo, continuaría influyendo en acontecimientos futuros, y sus ondas aún se pueden sentir hoy. Además, fue un conflicto que se situó en una encrucijada entre dos épocas, exhibiendo marcas de una época que estaba terminando, así como de la nueva era que se avecinaba.

Ese elemento bifocal de la guerra del Golfo es probablemente el elemento más definitorio de ella. Se estaban introduciendo bombas inteligentes, mientras que las granadas convencionales todavía estaban en uso. La noticia se transmitió de una manera nueva, pero con las mismas palabras que en décadas anteriores. Las bajas fueron pocas, pero, aun así, murió demasiada gente Fue una guerra inevitable que podría haberse evitado, y fue un conflicto en el que todos los bandos triunfaron, pero nadie ganó realmente. Todo se logró, pero nada se completó. Al final, ese puede ser el legado más profundo de la guerra del Golfo, que muestra la dualidad de la guerra que ha plagado a la humanidad desde los albores de los tiempos.

Con demasiada frecuencia, la gente se centra únicamente en lo asombrosa que fue la victoria de la Coalición, y solo mira un aspecto de este conflicto. Es fácil mirar hacia atrás en la guerra, idealizando lo heroica que fue y lo brillantes que eran los escudos y espadas. Sin embargo, la triste realidad muestra algo más. Murieron civiles, la naturaleza quedaría contaminada, fallarían las bombas inteligentes, los soldados se enfermarían y el resultado final de la lucha sería ambiguo. La guerra en sí no debe ser alabada ni admirada. Nunca es la solución perfecta para un problema y, por lo general, solo genera más problemas de los que resuelve. Por lo tanto, al leer sobre guerras, es vital no solo aprender sobre tácticas y estrategias, sino también cómo evitarlas. Lo mismo ocurre con la guerra del Golfo. Se puede aprender mucho de ella. Puede iluminar la era en la que sucedió y mostrar cómo utilizar las tecnologías y cómo unir a los pueblos detrás de una causa, entre otras cosas. Sin embargo, la lección más significativa que se puede extraer es que el campo de batalla nunca es realmente la respuesta correcta, aunque en algunos momentos parezca que es la única solución.

Vea más libros escritos por Captivating History

Bibliografía

Adeed Dawisha, Irak: *Una Historia Política desde la Independencia hasta la Ocupación*, Nueva Jersey, Princeton University Press, 2009.

Alastair Finlan, *Historias Esenciales 55: La Guerra del Golfo 1991*, Oxford, Osprey Publishing Ltd., 2003.

Alastair Finlan, *La Marina Real en el Conflicto de las Falklands y la Guerra del Golfo: Cultura y Estrategia*, Londres, FRANK CASS PUBLISHERS, 2004.

Al-Marashi I. y Salama S., *Fuerzas Armadas de Irak: Una Historia Analítica*, Nueva York, Routledge, 2008.

Anthony Tucker-Jones, *Guerra Moderna - La Guerra del Golfo: Operación Tormenta del Desierto 1990-1991*, Barnsley, PEN & SWORD MILITARY, 2014.

Bachevich A.J. e Inbar E., *La Guerra del Golfo de 1991 Reconsiderada*, Londres, Frank Cass Publishers, 2003.

Charles Tripp, *Una Historia de Irak—Tercera Edición*, Cambridge, Cambridge University Press, 2007.

Courtney Hunt, *La Historia de Irak*, Londres, Greenwood Press, 2005.

David R. Willcox, *Propaganda, la Prensa y el Conflicto: la Guerra del Golfo y Kosovo*, Nueva York, Routledge, 2005.

Escudo del Desierto/Tormenta del Desierto: El Vigésimo Aniversario de la Guerra del Golfo, Tampa, Defense Media Network, 2010.

Edwin Black, *Banca en Bagdad: Dentro de los 7.000 años de Historia de Guerras, Ganancias y Conflictos de Irak*, Nueva Jersey, John Wiley & Sons, Inc., 2004.

Gary R. Hess, *Decisiones Presidenciales para la Guerra: Corea, Vietnam, el Golfo Pérsico e Irak*, Baltimore, The Johns Hopkins University Press, 2009.

Geoff Simons, *La Flagelación de Irak: Sanciones, Derecho y Justicia Natural*, Londres, MACMILLAN PRESS LTD, 1998.

Hugh McManners, *Primera Guerra del Golfo*, Londres, Ebury Press, 2010.

Hugh Rockoff, *La Forma Económica de Guerra de Estados Unidos: la Guerra y la Economía Estadounidense desde la Guerra Hispanoamericana hasta la Guerra del Golfo Pérsico*, Cambridge, Cambridge University Press, 2012.

Ismael T. Y. y Haddad W. W., *Irak: El Costo Humano de la Historia*, Sterling, Pluto Press, 2004.

Ismael T. Y. e Ismael J. S., *La Guerra del Golfo y el Nuevo Orden Mundial: Relaciones Internacionales con Medio Oriente*, Gainesville, Universidad de Florida, 1994.

Jeffords S. y Rabinovitz L., *Viendo a través de los Medios: La Guerra del Golfo Pérsico*, Nueva Jersey, Rutgers University Press, 1994.

John Robertson, *Irak: Una Historia*, Londres, Oneworld Publications, 2015.

Kagan F. y Kubik C., *Líderes en la Guerra: West Point Recuerda la Guerra del Golfo de 1991*, Nueva York, Frank Cass, 2005.

Khadduri M. y Ghareeb E., *Guerra en el Golfo, 1990-1991: El Conflicto entre Irak y Kuwait y sus Implicaciones*, Nueva York, Oxford University Press, 1997.

Laurie Collier Hillstrom, *Biografías de la Guerra en el Golfo Pérsico: de la Operación Tormenta del Desierto a la Operación Libertad Iraquí*, Detroit, Thomson Gale, 2004.

Laurie Collier Hillstrom, *Guerra en el Golfo Pérsico Fuentes Primarias: De la Operación Tormenta del Desierto a la Operación Libertad Iraquí*, Detroit, Thomson Gale, 2004.

Lee H. y Jones E., *Guerra y Salud: Lecciones de la Guerra del Golfo*, Chichester, John Wiley & Sons Ltd, 2007.

Marr P. y Al-Marashi I., *La Historia Moderna de Irak—Cuarta Edición*, Boulder, Westview Press, 2017.

Philip Smith, *¿Por qué la Guerra?: La Lógica Cultural de Irak, la Guerra del Golfo y Suez*, Chicago, The University of Chicago Press, 2005.

Richard Lock-Pullan, *Política de Intervención de EE. UU. e Innovación del Ejército: de Vietnam a Irak*, Nueva York, Routledge, 2006.

Richard S. Lowry, *Las Crónicas de la Guerra del Golfo: Una Historia Militar de la Primera Guerra con Irak*, Bloomington, iUnivers Star, 2008.

Rodney P. Carlisle, *Guerra de Irak: Edición Actualizada*, Nueva York, Hechos En Archivo, Inc., 2007.

Rottman G. y Hook A., *Soldado de Infantería Mecanizado Estadounidense en la Primera Guerra del Golfo*, Oxford, Osprey Publishing, 2009.

Rottman G. y Volstad R., *Ejércitos de la Guerra del Golfo*, Londres, Osprey Military, 1993.

Thabit A. J. Abdullah, *Dictadura, Imperialismo y Caos: Irak desde 1989*, Black Point, Fernwood Publishing Ltd, 2006.

Guerra en el Golfo Pérsico: Operaciones Escudo del Desierto y Tormenta del Desierto agosto de 1990 - marzo de 1991, Washington, Centro de Historia Militar - Ejército de los Estados Unidos, 2010.

William Rosenau, *Fuerzas de Operaciones Especiales y Objetivos Terrestres Enemigos Esquivos: Lecciones de Vietnam y la Guerra del Golfo Pérsico*, Santa Mónica, RAND, 2001.

Williamson M. y Robert H. S. Jr., *La Guerra de Irak: Una Historia Militar*, Cambridge, The Belknap Press de Harvard University Press, 2003.

Printed by BoD in Norderstedt, Germany